PAISAGENS DA METRÓPOLE DA MORTE

A marca FSC® é a garantia de que a madeira utilizada na fabricação do papel deste livro provém de florestas que foram gerenciadas de maneira ambientalmente correta, socialmente justa e economicamente viável, além de outras fontes de origem controlada.

OTTO DOV KULKA

Paisagens da Metrópole da Morte

Reflexões sobre a memória e a imaginação

Tradução
Laura Teixeira Motta

Copyright © 1984, 2006, 2013 by Otto Dov Kulka
Publicado em inglês na Grã-Bretanha pela Penguin Books Ltd.

*Grafia atualizada segundo o Acordo Ortográfico da Língua Portuguesa de 1990,
que entrou em vigor no Brasil em 2009.*

Título original
Landscapes of the Metropolis of Death: Reflections on Memory and Imagination

Capa
Claudia Carvalho

Foto de capa
Vetta/ Getty Images

Preparação
Paula Colonelli

Revisão
Jane Pessoa
Marise Leal

Dados Internacionais de Catalogação na Publicação (CIP)
(Câmara Brasileira do Livro, SP, Br a sil)

Kulka, Otto Dov
  Paisagens da metrópole da morte: reflexões sobre a memória
e a imaginação / Otto Dov Kulka; tradução Laura Teixeira Motta.
— 1ª ed. — São Paulo: Companhia das Letras, 2014.

  Título original : Landscapes of the Metropolis of Death: Reflections on Memory and Imagination.
  ISBN 978-85-359-2425-1

  1. Auschwitz (Campo de concentração) 2. Guerra Mundial,
1914-1918 - Narrativas pessoais 3. Guerra Mundial, 1939-1945 - Prisioneiros e prisões - Alemanha 4. Holocausto judeu (1939-1945) -
Influência 5. Kulka, Otto Dov I. Título.

14-01782   CDD-940.5318

Índice para catálogo sistemático:
1. Holocausto judeu: Guerra Mundial, 1939-1945: História 940.5318

[2014]
Todos os direitos desta edição reservados à
EDITORA SCHWARCZ S.A.
Rua Bandeira Paulista, 702, cj. 32
04532-002 — São Paulo — SP
Telefone: (11) 3707-3500
Fax: (11) 3707-3501
www.companhiadasletras.com.br
www.blogdacompanhia.com.br

Permaneceu ali a inexplicável paisagem de ruínas. — A história tenta explicar o inexplicável. Como sai de um solo verdadeiro, tem então de terminar no inexplicável.

À maneira de uma parábola de Kafka

Sumário

Agradecimentos 9

Introdução 11

PAISAGENS DA METRÓPOLE DA MORTE

1. Um prólogo que também poderia ser um epílogo 17
2. Entre Theresienstadt e Auschwitz 29
3. A liquidação final do "campo das famílias" 48
4. Outono de 1944: Auschwitz — Metrópole Fantasma 55
5. Observações e perplexidades sobre cenas
na memória 61
6. Três poemas do umbral da câmara de gás 74
7. Jornada à cidade-satélite da Metrópole
da Morte 79
8. Paisagens de uma mitologia particular 96
9. Rios que não podem ser atravessados e
a "Porta da Lei" 103
10. Em busca da história e da memória 108

TRÊS CAPÍTULOS DOS DIÁRIOS

11. Sonho: Praga dos judeus e a Grande Morte 113
12. Dr. Mengele congelado no tempo 119
13. O pesar de Deus 123

Apêndice: Gueto em um campo de extermínio:
História social dos judeus no período do Holocausto
e seus limites finais 133

Lista das ilustrações 147
Notas 151

Agradecimentos

Quero agradecer a todos aqueles cuja iniciativa, habilidade e disposição para me envolver em um diálogo contínuo possibilitaram este livro em sua presente forma, com destaque para Chaia Bekefi, que me persuadiu a começar a gravar minhas reflexões. Igualmente significativos para mim foram os comentários e as reações de leitores dos trechos previamente publicados em inglês e em alemão; algumas dessas pessoas também leram o manuscrito na íntegra no original em hebraico ou na excelente tradução inglesa de Ralph Mandel. Trabalhar com ele foi um imenso prazer. Também devo agradecer imensamente às duas tradutoras das seções da versão alemã publicadas primeiro, Anne Birkenhauer e Noa Mkayton; a Gerald Turner, tradutor dos três poemas da poeta desconhecida de Auschwitz, assim como à tradutora de meu artigo reimpresso no apêndice deste livro, Ina Friedman.

Sou especialmente grato a meu colega israelense-americano Saul Friedländer, que foi o primeiro a ouvir as gravações iniciais em fita e me instou a publicá-las, apesar de na época eu não querer misturar minhas publicações científicas com o que chamo de meus "*Ausserwissenschaftliches*" (escritos extracientíficos). Sou grato também ao historiador da literatura alemã Heinz Brüggemann, que começou a publicação dos excertos alemães e lhes deu uma vasta introdução, baseada em parte nos textos da nossa correspondência sobre Walter Benjamin, Franz Kafka e W. G. Sebald, e, naturalmente, em trechos do manuscrito deste livro.

Tenho uma dívida imensa para com meu colega britânico Sir Ian Kershaw, por nosso contínuo diálogo sobre pesquisa histórica, no decorrer do qual ele também leu e comentou meus textos "extracientíficos" nas várias etapas da tradução para o inglês, e também para com meus colegas e amigos israelenses, israelenses-americanos e alemães Katarina Bader, Omer Bartov, Susanne Heim, Dan Laor, Dimitry Shumsky e Susanne Urban.

Gostaria, ainda, de louvar o dedicado trabalho do musicólogo Moshe Shedletzki, que transformou em CDs digitalizados as minhas nada profissionais gravações em fita e me ajudou na seleção dos presentes textos. Meu agradecimento especial também vai para Ada Pagis pela autorização para incluir no meu livro três poemas de seu falecido marido, Dan Pagis.

Por último, quero agradecer ao centro Yad Vashem, de Jerusalém, pela permissão para reproduzir meu artigo "Gueto em um campo de extermínio" no apêndice deste livro, e também a todos os arquivos, bibliotecas, editoras e proprietários privados citados na lista das ilustrações por sua generosidade em permitir a reprodução de imagens e documentos que integram este texto.

Meu mais caloroso agradecimento e admiração aos excelentes editores da Penguin, especialmente ao diretor editorial Simon Winder. Foi um prazer imenso trabalhar com ele. Foi ele e sua excelente equipe editorial — Richard Duguid e Marina Kemp —, assim como a equipe de direitos estrangeiros — Kate Burton, Sarah Hunt Cooke e Catherine Wood — que abriram o horizonte para as quase simultâneas edições deste livro em muitas outras línguas europeias e no mundo todo.

Introdução

Suponho que os leitores de meus textos historiográficos terão me identificado inequivocamente com uma atitude distante de investigação rigorosa e impessoal, sempre conduzida dentro de categorias históricas bem definidas, como uma espécie de método autossuficiente. No entanto, poucos sabem da existência de uma dimensão de silêncio dentro de mim, de uma escolha que fiz: separar o biográfico do passado histórico. E ainda menos pessoas sabem que durante uma década (entre 1991 e 2001) fiz gravações em fitas que me permitiram descrever as imagens que me afloram na memória e explorar as recordações do que, na minha mitologia particular, chamo de "A Metrópole da Morte", ou, com uma singeleza enganosa, de "Paisagens do Auschwitz da Infância". Essas gravações não são um testemunho histórico, nem um relato autobiográfico, mas uma série de reflexões de alguém que, dos cinquenta e tantos anos até os sessenta e tantos, revolveu na mente os fragmentos de memória e imaginação remanescentes do mundo da perplexa criança de dez a onze anos que eu fui.

Sei que, além da dicotomia gritante entre meu trabalho acadêmico e minha memória reflexiva, este livro revela tensões imanentes: o confronto entre as imagens da memória e a representação da pesquisa histórica.

O cenário histórico foi um local chamado "campo das famílias" (*Familienlager*), onde estiveram detidos os judeus de Theresienstadt em Auschwitz-Birkenau, principalmente o bloco das crianças e dos jovens que lá existiu por quase um ano, até que o campo e quase todos os seus prisioneiros foram liquidados no verão de 1944.[1]

O livro é composto de dez capítulos escritos a partir dessas gravações, seguidos de três capítulos com excertos de meus diários, todos de anos recentes. Parecem-se bastante, na natureza e no tema, com as reflexões gravadas em fita. Quando necessário, forneço referências, principalmente das fontes das citações e dos nomes de pessoas. Com linguagem semelhante à dos diários, as gravações em fita são monólogos. A diferença é que foram proferidos na presença de um interlocutor, que iniciou as gravações e as tornou possíveis. Ao transformar as palavras originalmente faladas em texto impresso, procurei conservar seu caráter autêntico: o imediatismo e o ritmo da palavra falada, com todas as suas irregularidades e modulações e tonalidades características.

O componente visual que integra o texto faz parte da narrativa. As imagens são, em parte, fotografias que eu mesmo tirei dos locais por onde andei na narrativa, e também fotos, desenhos e fac-símiles de outras fontes.

O significado oculto da linguagem metafórica dos motivos centrais e recorrentes deste livro, por exemplo, "imutável lei da morte", a "Grande Morte", a "Metrópole da Morte", extrapola a experiência do mundo de Auschwitz. São metáforas para o que, na época, parecia expandir-se em uma ordem mundial que mudaria o curso da história humana, e assim permaneceram em minha memória reflexiva. Também estou ciente de que estes textos, mesmo ancorados em acontecimentos históricos concretos, transcendem a esfera da história.

PAISAGENS DA METRÓPOLE DA MORTE

1. Um prólogo que também poderia ser um epílogo

O começo desta jornada — não sei aonde ela vai me levar — é bem prosaico, rigorosamente rotineiro: uma conferência científica internacional na Polônia, em 1978, na qual eu era um dos vários israelenses participantes. O evento foi patrocinado pelo Comitê Internacional de Ciências Históricas, especificamente a seção sobre história comparada das religiões. Nosso grupo consistia em um medievalista, um especialista nos primeiros tempos da história moderna e eu, especialista em era moderna, além de outro historiador a quem os poloneses recusaram a entrada porque ele era ex-cidadão polonês e "traiu sua pátria" ao emigrar para Israel. A conferência decorreu como costumam decorrer todas as conferências. É verdade que minha palestra foi inovadora e despertou um interesse considerável,[1] mas isso passou. Depois os anfitriões do evento organizaram viagens a partes distantes do país: a Cracóvia, a Lublin e aos lugares bonitos destinados aos turistas. Eu disse a meus colegas que não iria com eles; seguiria um roteiro pessoal e visitaria Auschwitz. Ora, um judeu visitar Auschwitz não era nada especial, embora na época não estivesse na moda, como agora.

Um dos meus colegas, o medievalista, que eu conhecia já havia uns bons anos da área de nosso trabalho acadêmico, me aconselhou: "Quando for a Auschwitz, não fique no campo principal, que é uma espécie de museu. Já que está indo, vá a Birkenau — lá é o verdadeiro Auschwitz". Ele não perguntou se eu tinha alguma ligação com o lugar. Se tivesse perguntado, eu teria respondido. Não negaria. Mas ele não perguntou, eu não respondi, e fui.

NA ESTRADA PELO RIO DO TEMPO

Eu queria pegar um trem, mas não havia passagens disponíveis. Por isso, fui de avião para Cracóvia. Lá peguei um táxi, uma antigualha desbotada, e pedi ao motorista que me levasse a Auschwitz. Não era sua primeira viagem ao local; ele já havia levado turistas estrangeiros para lá. Eu falava polonês, e nem sequer era um polonês muito rudimentar, em parte era o que eu tinha aprendido daquele tempo e em parte o que aprendera na universidade, e minha base de tcheco também ajudou. Seguimos, e o motorista tagarela matraqueou que seu carro tinha sido roubado e depois devolvido; passamos pelo rio Vístula [Wisła] enquanto ele me contava sobre o *"Wisła zła"*, que significa "Vístula malvado", que transborda e inunda o campo carregando pessoas e gado. Passamos por estradas mais ou menos pavimentadas, por crateras no asfalto, e gradualmente fui parando de responder. Parei de prestar atenção no que ele dizia. Prestei atenção naquela estrada. De repente me surgiu a sensação de já ter estado naquelas paragens. Eu conhecia as placas, as casas. É verdade que a paisagem era diferente, uma paisagem noturna de inverno — especialmente naquela primeira noite, mas também uma paisagem diurna —, e compreendi algo que não estivera em meus planos: que eu estava seguindo na direção oposta pela estrada que me levou, em 18 de janeiro de 1945 e nos dias seguintes, para fora daquele complexo que eu tinha a certeza, que todos nós tínhamos a certeza, de ser um complexo do qual ninguém jamais saía.

A JORNADA NOTURNA DE 18 DE JANEIRO DE 1945

Essa jornada tem muitas faces, porém uma face, talvez uma cor, uma cor noturna, ficou preservada com uma intensidade que excede todas as outras, que se identifica — aquela intensidade, ou aquela cor noturna — com aquela jornada, depois chamada de "marcha da morte". Foi uma jornada para a liberdade; foi uma jornada na qual saímos por aqueles portões que ninguém jamais imaginara que transporíamos.

O que me recordo dessa jornada — na verdade, eu me recordo de tudo, mas o que é dominante — é, como já disse, uma certa cor: uma cor noturna de neve por todo lado, de um comboio muito longo, preto, movendo-se lentamente, e de repente — manchas negras à beira da estrada: uma grande mancha negra, e depois outra grande mancha negra, e outra mancha...

1.

De início fiquei inebriado com a brancura, com a liberdade, com ter deixado para trás as cercas de arame farpado, com aquela paisagem noturna vasta e aberta, com os vilarejos por onde passávamos. Depois olhei com mais atenção para uma das manchas negras, e para outra — e vi o que eram: corpos humanos. As manchas se multiplicavam, a população de cadáveres aumentava.

Fui exposto a esse fenômeno porque, conforme a jornada prosseguia arrastada, minhas forças foram decaindo, e me vi ainda mais próximo das últimas fileiras, e naquelas últimas fileiras qualquer um que vacilasse, qualquer um que ficasse para trás era fuzilado e se tornava uma mancha negra à beira da estrada. Os tiros ficaram mais frequentes, e as manchas proliferaram até que, milagrosamente, inesperadamente — pelo menos para nós —, o comboio parou na primeira manhã.

Não descreverei essa marcha da morte agora, nem como escapei nem todo o resto. Descrevi aqui apenas uma associação que emergiu da tagarelice do motorista de Cracóvia, do rio Vístula que transbordava, que serpenteava por todos aqueles caminhos que me aproximavam mais e mais de lugares que eu reconheci. Eu os reconheci como se estivesse numa espécie de sonho. Talvez não os reconhecesse e apenas imaginasse que reconhecia, mas isso não tem importância. Eu me calei, e por fim pedi a ele que também fizesse silêncio.

Chegamos, e perguntei se ele conhecia o caminho, não para os museus — não para Auschwitz — mas para Birkenau.

O PORTÃO DE TIJOLOS VERMELHOS DA METRÓPOLE. AS PAISAGENS DE SILÊNCIO E DESOLAÇÃO DE HORIZONTE A HORIZONTE. O ENTERRO DE AUSCHWITZ

Chegamos àquele portão, o portão de tijolos vermelhos com a torre, debaixo da qual os trens passavam. Eu o conhecia bem demais. Pedi ao motorista que esperasse do lado de fora do portão. Não queria que ele entrasse ali. Era um dia chuvoso de verão, não de chuvarada, mas de uma garoa importuna que pairava implacavelmente e saturava o ar com uma mistura de névoa e uma visibilidade úmida, silenciosa — até onde uma garoa importuna como aquela podia ser silenciosa.

Depois que ele estacionou, caminhei ao longo dos trilhos, em meio aos trilhos, onde agora crescia grama, atravessei aquele portão, pela segunda vez — mas naquele dia a pé, sob a minha própria névoa. Fui a um lugar no qual sabia onde estava pisando. Era um dos campos que deveria estar lá, só que no lugar do campo, de horizonte a horizonte, viam-se fileiras — florestas — de chaminés de tijolo remanescentes dos alojamentos que tinham sido desmontados e haviam desaparecido, e pilares de concreto periclitantes, cada um tombando numa direção, e tiras enferrujadas de arame farpado, deste e daquele lado — algumas imóveis, outras rastejando pela grama úmida — a grama úmida encharcada —, de horizonte a horizonte.

2.

E o silêncio. Um silêncio esmagador. Nem ao menos o som de um pássaro se ouvia ali. Ali havia mudez, havia vazio. Havia assombro porque aquela paisagem — que já fora tão densamente apinhada de pessoas, como formigas, de exércitos de escravos, de filas de pessoas seguindo pelas trilhas — estava silenciosa. Estava deserta. Mas estava tudo lá: havia a floresta de pilares de concreto — quase se podia vê-los orgulhosos e eretos, com aqueles arames farpados tesos, como no dia em que entramos, à noite — como naquela noite iluminada com um cortejo de luzes que passou sobre nosso rosto quando o trem entrou vagarosamente naquele "corredor de luzes, na Metrópole da Morte".

Mas já não era a Metrópole da Morte que fora. Era uma paisagem muito melancólica. Uma paisagem impregnada de desolação. Mas estava tudo lá, embora a uma espécie de distância. A uma distância feita de desolação, mas muito aguda. Tão aguda quanto naquele dia — não, não era tão inocente. Não era mais uma paisagem da infância, era uma paisagem de — não quero dizer essa palavra —, mas era uma paisagem de cemitério, o enterro de Auschwitz. Auschwitz estava enterrado. Enterrado, mas ainda assim amplo, como uma espécie de vasto cemitério de horizonte a horizonte. Mas estava tudo lá, e eu, pelo menos, era capaz de reconhecer.

NAS RUÍNAS DO "BLOCO DOS JOVENS E DAS CRIANÇAS" E DO "BLOCO DO HOSPITAL"

O primeiro lugar aonde meus passos me levaram por aquela grama foram os alicerces do bloco dos jovens e das crianças, o centro cultural daquele campo único, sobre o qual falarei em outra oportunidade. Peguei um tijolo bolorento — um pedaço de tijolo — e o trouxe comigo.

3.

Fui seguindo de acordo com a numeração. Identifiquei o lugar segundo as filas de alojamentos cujos alicerces se erguiam em um renque, e eu sabia que aquele era o bloco 31. Dali me dirigi para outro conjunto em outro lugar, onde ficava o bloco do hospital, o bloco onde o famigerado dr. Mengele fazia seus experimentos, onde eu tinha sido paciente durante um tempo, com difteria, e, paradoxalmente, aquela doença que então parecia fatal acabara salvando minha vida. Ali também pela primeira vez absorvi uma generosa porção da herança cultural europeia, transmitida por um prisioneiro moribundo. Ao garoto que ele acreditava que iria... que talvez conseguisse sair de lá. E que de fato saiu de lá, e levou aquilo consigo. (Mas também a respeito disso falarei em outro capítulo.)

Já era o suficiente para a visita a esses dois lugares em que eu realmente havia estado, dois prédios em que eu entrara naquela época, onde vivi naquela época, nos quais absorvi o que absorvi, e que permaneceram comigo.

O CAMINHO PARA O LUGAR DA TERCEIRA DESTRUIÇÃO — "PROMETEU NO HADES"

De lá, o caminho para o terceiro lugar era inevitável, o lugar onde pareço viver e permanecer sempre, desde aquele dia até este, e sou mantido em cativeiro ali em prisão perpétua, atado, acorrentado com correntes que não podem ser abertas. Não fosse tão lancinante, eu diria "como Prometeu acorrentado". Mas sou uma criança, afinal de contas, que foi presa com essas correntes quando criança e permaneceu presa a elas em cada etapa de seu crescimento.

Digo que fui preso e permaneci preso, ou acorrentado, mas isso porque nunca estive lá, porque meu pé nunca pisou naqueles pátios, dentro daqueles prédios. Eu os rodeava como a mariposa rodeia a luz, sabendo que cair lá dentro era inevitável, e mesmo assim eu continuava rodeando do lado de fora, querendo ou não querendo — não dependia de mim —, todos os meus amigos, as borboletas, nem todos eles, mas quase todos, estiveram lá e de lá não saíram.

OS CÍRCULOS DA VOLTA À (E DA) METRÓPOLE DA MORTE

O lugar aonde fui, obviamente, era o lugar dos crematórios. Cheguei primeiro ao nº II, creio. Ele foi explodido pelos nazistas, assim como o nº I, defronte, e ambos estavam parcialmente preservados. Havia arbustos e árvores crescendo desordenadamente naquelas ruínas. Dali peguei um pedaço de um segundo tijolo, preto e fuliginoso. Fui então até o crematório nº I, cuja câmara de gás subterrânea não foi destruída quando o explodiram. As escadas que desembocavam nela ainda existem, e o telhado de concreto que desabou, como as costas de um tigre ou uma onda do oceano, jazia por cima dela.

4.

5.

Avancei pelo caminho que nunca tinha percorrido e desci, como naqueles sonhos recorrentes no qual eu descia aquela escada junto com todos os meus amigos e as pessoas chegadas. É o sonho que sempre me leva de volta para lá, quando sei que não há maneira de evitar aquele lugar, que todos estão fadados a chegar ali porque é uma lei inalterável do lugar, da qual não há como escapar, e não há chance para a fantasia que conjuramos sobre libertação e fim, como alegres fantasias infantis, pois uma lei férrea conduz todos para lá, e de lá ninguém irá escapar.

Eu também sabia, porque uma noite todos morreram e eu restei, sabia que no último instante eu seria salvo. Não por nenhum mérito pessoal, mas graças a algum tipo de destino inexorável. Aquele sonho noturno sempre me traz de volta à mesma lei imutável pela qual eu acabo dentro do crematório e, por algum caminho indireto, por canais de águas escuras, por trincheiras e aberturas ocultas, cavo sob o arame farpado e alcanço a liberdade e subo em um trem, e, à noite, em uma estação desolada, um alto-falante chama meu nome, e sou devolvido ao lugar que estou destinado a alcançar: o crematório. E por mais que eu saiba que devo ser capturado, sempre sei também que devo ser poupado. É uma espécie de círculo, o círculo de Tântalo ou Sísifo, ou de qualquer mito cabível aqui que se prefira invocar, que retorna interminavelmente em um círculo vicioso ao mesmo lugar.

6.

Decidi descer aquelas escadas. Sabia que primeiro precisava subir naquela onda quebrada do telhado. Escalei-a e atravessei-a em toda a sua extensão, esperei um tempo ali, e finalmente desci a escadaria que desembocava lá embaixo. Desci degrau por degrau, no lugar por onde todos cujos nomes e imagens eu lembrava haviam descido, e todos — miríades e miríades — que eu vira ser engolidos em filas intermináveis nos crematórios, e depois imaginei como ascenderam em fogo e chamas para o céu noturno iluminado acima das chaminés. Finalmente cheguei ao fundo. Era impossível entrar na câmara de gás propriamente dita, pois o teto tinha desabado por cima dela e bloqueado a entrada. Por isso dei meia-volta, finalmente, e devagar subi aqueles mesmos degraus.

O CAMINHO DE VOLTA

Emergi das ruínas e segui para a saída de Birkenau, pelo mesmo portão de tijolos por onde tinha entrado. Fui até o motorista e sem uma palavra entreguei a ele minha velha câmera Leica, que me acompanhara durante a estada naquelas paisagens. Ele tirou uma foto do portão com suas portas de malha de ferro, e, diante dele, eu cortado ao meio.

Depois, sem dizer uma palavra, deixamos aquele lugar.

No avião, que sacudia para a frente e para trás — era um avião pequeno —, escrevi umas doidices no diário que trago sempre comigo. Escrevi-as também numa carta; não sei se a carta ainda existe.

Assim comecei a enfrentar meu retorno, não em um sonho, mas conscientemente, à Metrópole da Morte.

7.

2. Entre Theresienstadt e Auschwitz

A imersão naquele tempo começa entre Theresienstadt e Auschwitz. Mais precisamente, esse é o início da estrada para a Metrópole da Morte. Não é preciso que eu descreva a rotina do transporte das dezenas de milhares de deportados nos vagões de gado, mas esse caso envolve um episódio singular de que me recordo e que frequentemente me volta à memória. No vagão, subimos, sei lá como, minha mãe e eu, até a janela, barrada com arame farpado, e quando atravessávamos a Boêmia em uma direção ainda ignorada, minha mãe pegou um caderninho que trazia e rabiscou alguns bilhetes e os lançou ao vento, espalhando-os pelos campos. Naqueles pedaços de papel ela tinha escrito o endereço de minha tia, que ainda estava na Boêmia. Ainda me lembro das palavras: "Estamos seguindo para o leste. Não sabemos para onde. Por favor, quem encontrar este bilhete, remeta ao endereço acima". Os bilhetes chegaram. Soubemos disso depois da guerra. Mas, por cautela, minha tia os destruiu assim que chegaram; nenhum foi preservado.

Esse episódio me veio à mente não faz muito tempo, quando reli um breve poema que o incorpora, escrito por um amigo, o saudoso Dan Pagis. Não sei se contei o caso a ele ou se é um dos inúmeros episódios recorrentes parecidos. Para ele, aconteceu com Eva e seu filho Abel, e a mensagem que ela pedia aos passantes que entregassem destinava-se ao filho mais velho, Caim.

Eis o texto completo do poema de Dan Pagis, que ele intitulou "Escrito a lápis no vagão de trem lacrado":

aqui na carga deste vagão
sou eva
com meu filho abel
se você vir meu outro filho
caim filho do homem
diga a ele que eu

DO CORREDOR DE LUZ À METRÓPOLE DA MORTE

Chegamos a Auschwitz. Quando começamos a nos aproximar — obviamente não sabíamos onde estávamos —, os primeiros sinais foram cadeias de luzes bruxuleantes, luzes penduradas em uma grade de arame farpado eletrificado e colunas de concreto curvadas, todas moldadas no mesmo padrão, e as filas — as filas se estendiam à frente, assim nos parecia, por quilômetros. Em toda a volta vimos campo após campo, uma grade de retângulos iluminados por lâmpadas, e renques de alojamentos de madeira. E quando passamos em meio aos campos naqueles trilhos de trem, minha mãe, que em geral era otimista, entendeu que aquilo era o... que dali ninguém saía. Entendeu que era o que depois, na minha mitologia particular, recebeu aquele nome, ao qual sempre retorno, a "Metrópole da Morte".

Por ironia do destino, havíamos nos apresentado voluntariamente, minha mãe e eu — então com dez anos — para deixar Theresienstadt e ir para Auschwitz, porque a mãe dela — minha avó, junto com a irmã e o filho —, de fato, toda a família que nos restava lá, tiveram de partir no transporte para aquele lugar desconhecido. Apresentamo-nos, e eu prometi aos meus amigos de Theresienstadt que, se o novo lugar se mostrasse melhor, eu lhes escreveria. Quem sabe valeria a pena eles virem também? E, de

8.

9.

fato, alguns escreveram de lá, cartões-postais, mas os cartões-postais que as pessoas mandavam — aquelas que os mandavam — geralmente tentavam insinuar aos que permaneciam que, por exemplo, "todo dia encontramos Onkel Hlad" ou "Onkel Mavet", o que significava "Tio Fome" em tcheco, ou "Tio Morte" em hebraico.

Volto à primeira hora da nossa chegada. Essa cena da noite, da escuridão, das luzes, daquela grade de colunas e arame farpado de horizonte a horizonte, é uma das imagens recorrentes gravadas em mim, e eu a elaborei e a construí na imaginação, seja em sonhos, seja em situações particulares nas quais torno a mergulhar naquele tempo. Esse permanece talvez como o símbolo mais vívido, se é que se pode falar assim, daquela noite vívida com luzes vívidas, quando o comboio, mortalmente extenuado, mortalmente sedento, chegou aos portões daquela Metrópole.

O "CAMPO DAS FAMÍLIAS" — O ENIGMA DE SUA ISENÇÃO DA ORDEM DA "SOLUÇÃO FINAL"

Logo nos vimos em um dos campos. Todos nós estávamos lá: mulheres, crianças, idosos. Só alguns dias depois fomos saber que um milagre havia acontecido, um milagre cujo significado ninguém entendia. Naquela rampa, naquela plataforma de estação de trem em que pisamos, cada transporte de deportados era recebido em Auschwitz com o mesmo bem conhecido procedimento — a seleção —, após o qual a maioria dos recém-chegados era mandada para as câmaras de gás, e a minoria, aqueles que estavam aptos para trabalhar, era mandada, depois da desinfecção e da troca das roupas por um uniforme de prisioneiro, para um dos campos de trabalho dentro de Auschwitz. Nós, por outro lado, fomos todos mandados para um mesmo campo, não rasparam nossas cabeças, permitiram que ficássemos com nossas roupas, e os prisioneiros veteranos que visitaram o campo nos explicaram que isso era um grande mistério, que nenhum deles conseguia decifrar.

Entre os prisioneiros veteranos que visitaram o campo logo depois de nossa chegada, em setembro de 1943, havia um que estava em campos de concentração desde 1939, e em Auschwitz desde 1942. Estou falando do meu pai. Ele nos achou, nos identificou no meio dos que chegaram de Theresienstadt — ele sabia que viríamos de Theresienstadt —, procurou por nós, por minha mãe e por mim, e explicou à minha mãe, na verdade a todos os prisioneiros, o significado das cenas que aconteciam na plataforma, com a chegada diária de cargas de prisioneiros que eram separados em grupos e depois avançavam lentamente em longas procissões na direção dos prédios de tijolo com chaminés grandes que cuspiam chamas e fumaça dia e noite; ele nos explicou sobre as seleções, sobre os crematórios, sobre as câmaras de gás — explicou sobre Auschwitz-Birkenau, o coração daquele acontecimento cujas raízes e desenvolvimento desvendei, talvez não por querer, muito anos depois.

Que campo era aquele, que oficialmente levava o nome de BIIb mas os prisioneiros chamavam de *Familienlager*, porque famílias inteiras eram alojadas ali, diferente dos outros campos? Qual seria o significado daquele "milagre"? Qual seria o propósito daquele campo? Ninguém jamais descobriu, nem mesmo depois que o campo foi liquidado. Uma liquidação levada a cabo com dureza, talvez dureza maior que a do "procedimento padrão" em Auschwitz. Descrevi tudo isso em um artigo, talvez o único artigo que dediquei ao tema dos campos de concentração, tudo obviamente baseado em documentação que encontrei em arquivos alemães. Nesse artigo usei a terceira pessoa, como quem descreve uma realidade histórica distante.[1] Mas há coisas de que o artigo não fala, que permanecem comigo como experiências poderosas. Algumas me surgem na memória frequentemente, outras nem tanto.

O BLOCO DOS JOVENS E DAS CRIANÇAS

A recordação inicial é dos primeiros dias, quando em meio ao terrível caos dos prisioneiros dentro dos alojamentos e no caminho de terra sem pavimentação apareceu alguém que conhecíamos bem lá de Theresienstadt. O nome dele era Fredy Hirsch, um homem de prestígio e autoridade entre os jovens, um *madrich*,* um atleta de cujas proezas nos lembrávamos de quando estivéramos juntos no gueto de Theresienstadt. Supunha-se que nesse campo ele seria nomeado Kapo, segundo o costume de Auschwitz. Mas para a surpresa geral, ele pediu para ser liberado desse posto e fazer outra coisa, que imediatamente se tornou clara para nós. Ele reuniu todas as crianças e todos os jovens em uma grande construção, ou "bloco", como se dizia por lá, e se dedicou, junto com a equipe de *madrichim* que ele escolheu, a educá-los e a cuidar deles. Em pouco tempo, aquele alojamento tornou-se o centro da vida espiritual e cultural do lugar. Digo isso no sentido pleno das palavras: era um lugar onde peças eram encenadas, e concertos executados — e tudo, evidentemente, a 150 ou duzentos metros da plataforma de seleção e a trezentos ou quatrocentos metros dos crematórios. O que me recordo de ter vivenciado lá compõe, inquestionavelmente, a base moral do meu modo de ver

---

* Termo usado nos movimentos de jovens sionistas para o qual não existe tradução exata; da raiz hebraica para "caminho" ou "trilha"; portanto, ao mesmo tempo um guia, um instrutor e um educador informal. Plural: *madrichim*. [Nota da tradução inglesa.]

a cultura, a vida, quase tudo, e tomou forma dentro de mim durante aqueles poucos meses, entre meus dez e onze anos, de setembro de 1943 até a liquidação do campo em julho de 1944.

O que de fato me lembro daquele bloco? Primeiro, do que não me lembro. Não faz muito tempo encontrei um dos meninos que esteve comigo no mesmo alojamento. Hoje ele vive na Austrália. A questão que o incomodava, ele me disse, era se, quando tínhamos aula, nos sentávamos em bancos ou no chão de barro batido. Não se lembrava nem do que aprendíamos nem de como aprendíamos, mas o aspecto visual era o que o perseguia. Por mais que tentasse, não consegui pescar essa informação na memória. Não me lembrava se havia bancos ou se havia um chão de barro batido. Quando tentei visualizar os bancos, o que subitamente me veio à cabeça foram os bancos do refeitório do kibutz em Israel, e percebi que não eram de lá. Eu me recordava daquele piso, mas ele foi uma das primeiras imagens do alojamento que vi, imediatamente após nossa chegada.

O que recordo com maior clareza é a nossa primeira lição de história. Nela ouvi pela primeira vez sobre os desdobramentos fascinantes da Batalha das Termópilas e sobre toda a constelação de guerras entre persas e gregos. Também lembro que, de tão encantado, absorvi quase cada palavra das aulas, e quando veio um inspetor — havia até uma unidade de inspeção criada por nós mesmos para monitorar o progresso dos alunos —, eu, que era o menor de todos, recitei com facilidade toda a série de fascinantes histórias sobre a Primeira e a Segunda Guerra Persa, a grande batalha naval em Salamina, a Batalha das Termópilas e a eletrizante mensagem do corredor de Maratona... Essa não foi uma experiência profunda — tive experiências mais profundas e mais fortes —, mas creio que foi a primeira que tive lá. Às vezes me pego rindo baixinho quando penso na possibilidade de que o encontro que talvez tenha me destinado à profissão que, quando moço, ao entrar para a universidade, não vi sentido em seguir — o estudo da história — teve suas raízes naquela experiência de formação. É possível.

O que entusiasmava muito mais, e marcou mais fortemente, era que as apresentações artísticas aconteciam no bloco e nós participávamos. Uma das mais grandiosas foi uma ópera infantil inteira que apresentamos lá. Eu me lembro de participar de muitos ensaios. Não vi a apresentação propriamente dita, porque no dia estava no hospital, com difteria. Tudo era muito empolgante, por causa do tremendo esforço para preparar os textos — em alemão —, os recitativos e os cantos, juntamente com as demais preparações, incluindo a pintura das paredes.

10.

Mas o que está ainda mais retido em minha memória são as peças satíricas das quais participei. Cada grupo ficou incumbido de apresentar uma situação futura imaginária que fosse baseada na realidade de Auschwitz. Já não me recordo dos detalhes de todas as apresentações, porém me lembro daqueles sarcasmos, que tanto as crianças como os instrutores entendiam bem. Nosso grupo apresentou "Auschwitz do Céu — Auschwitz da Terra": como recém-chegados ao Céu, descobrimos com espanto que no mundo lá em cima também havia seleções e crematórios. Ou, em outra cena da peça: para espanto do cirurgião em atividade em Auschwitz do Céu, os mesmos vermes, emissários epidêmicos da morte de Auschwitz, eram descobertos nos intestinos dos pacientes.

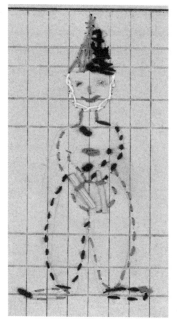

11.

Outra coisa de que me lembro bem é que os homens da ss também assistiam às apresentações, como espectadores. Entre eles estavam o dr. Mengele e outro médico chamado Lucas — contra o qual mais tarde eu deporia durante o julgamento de Auschwitz em Frankfurt. As alusões cifradas, a linguagem em código, permitiam que nós, crianças e *madrichim*, déssemos expressão às duas facetas da nossa situação. Era importante para nós, independente se aqueles espectadores captavam ou não a mensagem. Aquele humor especial, aquele humor negro com o qual fazíamos graça, mesmo fora dos espetáculos, sobre o único modo de deixar Auschwitz — pelas chaminés, as chaminés dos crematórios —, gracejos nessa linha, ou a linguagem que criamos como nosso vernáculo, era uma obra em progresso gerada ali, e não me lembro de nada parecido, desse ponto de vista, em nenhuma fase da minha vida. Só usei aquela linguagem com uma pessoa, talvez duas, dentre as mais chegadas a mim aqui em Jerusalém, muito depois da guerra: com o pintor Yehuda Bacon, um dos jovens que esteve comigo naquele tempo; e com meu melhor amigo, o falecido poeta de língua alemã Gerschon Ben-David, que aprendeu todas as expressões idiomáticas codificadas daquele modo de falar irônico, o que nos permitiu ter um diálogo "divertido" de um humor negro ímpar.

A GRANDE MORTE E A PEQUENA MORTE

Havia ainda outras diversões naquele campo. Nós, crianças, tínhamos imensa curiosidade de saber se o arame farpado da cerca eletrificada era mesmo eletrificado. Essa questão não nos dava descanso. Aproximávamo-nos da cerca — de dia, não de noite — e competíamos para ver quem ousaria tocar no arame farpado e permanecer vivo.

Não era muito comum eletrificarem a cerca durante o dia. Nosso medo era grande, mas grande também era nossa necessidade de superar esse pequeno medo. Superar o grande medo dos crematórios e da lei imutável que levava até eles era impossível. A vitória sobre aquela cerca pela audácia das crianças, que deliberadamente corriam um risco a fim de testar aquele subsistema de morte — a cerca, que não se destinava a matar exceto em situações específicas —, era, em si, uma coisa grandiosa.

12.

Essas eram diversões extracurriculares, sem relação com "o bloco". Menos divertidas eram as visões que só raramente eu descortinava, ou, é claro, me permitia descortinar. Eram montes de cadáveres, muito difíceis de descrever: só pele e ossos. Esqueletos cobertos apenas por uma pele amarelada. Os esqueletos eram removidos dos alojamentos à noite pela porta dos fundos, e recolhidos posteriormente. Vivíamos em uma espécie de estufa naquele bloco das crianças, mas à noite dormíamos com nossos pais; eu, com minha mãe. Toda manhã eu deparava com as mesmas cenas. Sempre passava por eles depressa, mas eles permaneciam comigo.

Muitas outras coisas não permaneceram. Se considerarmos o universo completo de Auschwitz, até seus rincões mais distantes, eu como criança não senti a discordância e o tormento, agudos, assassinos, destrutivos, que cada prisioneiro adulto sentiu sendo desarraigado e arrancado de seu mundo cultural com suas normas e jogado em um confronto com normas de crueldade, de morte. No meu caso, essa discordância, que cada prisioneiro adulto sobrevivente sentiu, e que quase sempre foi um dos elementos do choque que frequentemente os derrubava em pouco tempo, não existiu, porque aquele foi o primeiro mundo e a primeira ordem que conheci: a ordem das seleções, a morte como a única perspectiva certa a governar o mundo. Tudo isso era quase autoevidente. Eu tinha anseios, não vou dizer que não tinha, eu tinha anseios de subitamente voltar para casa, para aquele abrigo e para aquela liberdade perdida, cuja perda eu sentia já em Theresienstadt, quando diante dos muros fortificados eu fitava o panorama azul ao longe, agora fora do alcance. A diferença era que aqui, em contraste com Theresienstadt, também estava claro que ninguém deixaria o lugar com vida. A morte era uma certeza, seu domínio sobre cada pessoa não estava em dúvida.

Como já disse, esse confronto gritante não assumiu a mesma forma em mim, pelo menos não naquele bloco, no qual encontrei a história pela primeira vez, a música quase pela primeira vez, e também a morte; e também os esqueletos, e também as seleções, que víamos de longe, e sabíamos; e também aquelas imagens que me absorviam, me perturbavam, mas eram parte da realidade cotidiana: as imagens, particularmente ao anoitecer, quando a escuridão descia lentamente pelos céus da Polônia, quando víamos os crematórios ardendo com um fogo silencioso e constante, e as chamas de alguns metros de altura subindo pelas chaminés de tijolo vermelho dos crematórios, e a fumaça ascendendo em turbilhão acima das chamas, e o enigma que nos ocupava, a mim especialmente: como será que os vivos, que entram em multidão em longas filas e são engolidos por essas estruturas feitas de telhados oblíquos e tijolos vermelhos, são transformados em chamas, em luz e fumaça, depois somem e se esvaem nesses céus que estão escurecendo? Também na noite salpicada de estrelas o fogo continuava a queimar, silenciosamente. Aquilo pertencia ao cotidiano. Contudo, ainda assim, o enigma da vida, a curiosidade a respeito da vida e daquele tipo de morte de alguma maneira era abundante dentro de nós.

13.

"ODE À ALEGRIA"

Naquele campo havia coisas verdadeiramente extraordinárias, que são parte da minha mitologia particular e permanecem alojadas em algum canto da minha memória e adejam por lá de alguma forma. Uma delas — e agora não falo da exterminação em massa e dos acontecimentos que determinaram o destino de todos, mas de mim mesmo —, uma delas, particularmente insólita, cristalizou-se na minha memória, ou tomou forma na minha memória, entrou em minha memória em duas fases bem singulares da vida naquele campo. No alojamento das crianças havia um regente de coro. O nome dele, pelo que me lembro, era Imre.[2] Um homem grandalhão, enorme. Ele organizou um coro infantil, e nós ensaiávamos. Não me lembro se também fizemos apresentações do coro, embora não fosse parte da ópera, que era outra coisa. Os ensaios quase sempre aconteciam em um dos longos salões. Falo de um daqueles alojamentos compridos que os prisioneiros usavam como banheiro; canos perfurados dispunham-se ao longo de cerca de cinquenta metros da estrutura: uma excelente invenção alemã que encontrei mais tarde, depois da guerra, no banheiro público da estação Friedrichstrasse, em Berlim Oriental, logo que cheguei lá. Em segundos essa visão levou-me de volta àquele lugar em Auschwitz. Mas isso é outra coisa.

Aquele alojamento tinha uma acústica excepcional — quando não havia prisioneiros lá dentro, naturalmente. Pela manhã ou à noite, depois do trabalho, ficava abarrotado com milhares, mas durante o dia era vazio. Ali, nos meses de outono — chegamos em setembro —, nos meses de outono e inverno de 1943 aconteceram os nossos ensaios. Eu me recordo principalmente de uma peça que cantamos e também me recordo da letra. As palavras tinham a ver com alegria e com a fraternidade entre os homens. Não produziram em mim nenhuma impressão especial, e tenho certeza de que teria esquecido completamente tudo isso não fosse por outro incidente no qual a experiência, a melodia e a letra voltaram. Mais ou menos meio ano depois, quando o campo já não existia, quando a maioria de seus prisioneiros já tinham sido cremados ou mandados como escravos para todo o Reich, e apenas algumas dezenas de jovens lá permaneciam, e tínhamos sido transferidos para o *Männerlager*, o grande campo de escravos, não sei como uma gaita veio parar na minha mão. Aprendi a tocá-la, e tocava coisas que me vinham à mente, entre elas uma das melodias que cantávamos no coro das crianças. Era mais ou menos assim:

Estou tocando a melodia em um daqueles raros momentos de silêncio e tranquilidade naquele campo, quando um jovem prisioneiro judeu de Berlim se aproxima de mim — eu era então um menino de onze anos — e diz: "Sabe o que está tocando?". E eu digo a ele: "Ah, é uma melodia que a gente cantava naquele campo, que não existe mais". Ele então me explicou o que eu estava tocando e o que cantávamos lá e o significado daquelas palavras. Creio que também tentou explicar o terrível absurdo daquilo, o terrível assombro daquilo, que uma música de louvor à alegria e à fraternidade entre os homens, a "Ode à alegria" de Schiller, da *Nona sinfonia* de Beethoven, fosse tocada defronte aos crematórios de Auschwitz, a algumas centenas de metros do local de execução, onde a maior conflagração já vivenciada pela mesma humanidade de que falava a canção estava acontecendo naquele exato momento em que conversávamos e em todos os meses em que estivemos lá.

Na verdade, àquela altura eu já sabia sobre Beethoven. Não sabia quando cantamos sua música. Entre aquela primeira situação, quando cantamos, e a surpreendente descoberta e identificação da melodia, eu estivera no hospital, com difteria, e no palete acima do meu ficava um dos jovens prisioneiros, de mais ou menos vinte anos. O nome dele era Herbert. Acho que ele não sarou, e se tiver sarado terá acabado onde acabaram muitos outros na Metrópole da Morte. Uma das nossas distrações, embora principalmente dele, era me explicar, ou me transmitir, alguma coisa das riquezas culturais que ele havia acumulado, como se estivesse me deixando aquela herança. A primeira coisa que ganhei dele foi um livro, o único livro que ele possuía, e que eu leria. Começava com a descrição de uma velha e de um moço que a golpeia com um machado, que assassina e é atormentado: *Crime e castigo*, de Dostoiévski. Foi isso que ele levou para Auschwitz, e essa foi a primeira grande obra literária que li desde que fui apartado da biblioteca dos meus pais na Tchecoslováquia, aos nove anos. Não parou em Dostoiévski. Fomos para Shakespeare e Beethoven e Mozart e tudo da cultura europeia que ele conseguiu despejar em mim. E eu absorvi um bocado.

Quando Schiller e Beethoven foram depois identificados, comecei a refletir, e reflito desde então, sobre as razões e o significado daquela decisão do regente, daquele Imre de quem me lembro como se fosse hoje como uma figura avantajada, desajeitada, em um uniforme azul-cinzento de prisioneiro e grandes tamancos de madeira, com as manzorras de regente, impelindo o coro, fazendo todo mundo cantar junto, para depois afrouxar o controle, e nós cantando como anjinhos, nossa voz servindo de acompanhamento para as procissões de pessoas de preto que lentamente estão sendo engolidas pelos crematórios.

Naturalmente, a pergunta que me fiz, e que continuo a fazer até hoje, é: o que levou aquele Imre — não a organizar o coro das crianças, porque afinal de contas poderíamos dizer que no espírito daquele projeto do centro educacional era necessário, de algum modo, preservar a sanidade, de algum modo se manter ocupado — mas no que ele acreditava. Qual teria sido sua intenção quando escolheu executar aquele texto específico, um texto que é considerado um manifesto universal de todos os que acreditam na dignidade humana, nos valores humanísticos, no futuro, diante daqueles crematórios, no lugar onde o futuro talvez fosse a única coisa definida que não existia? Seria uma espécie de manifestação de protesto, absurda talvez, talvez sem nenhum propósito, mas uma tentativa de não renunciar e não perder, não a crença, mas a devoção àqueles valores a que essencialmente só as chamas podiam dar fim — só aquele fogo, e não tudo o que o precedia vociferando à nossa volta; ou seja, enquanto o homem respira, ele respira liberdade, ou alguma coisa nessa linha?

Essa é uma possibilidade, e uma possibilidade admirável, mas há uma segunda, que aparentemente é bem mais provável, ou pode às vezes ser invocada. Não direi quando prefiro a primeira e quando estou inclinado à segunda. Refiro-me à possibilidade de que aquele tenha sido um ato de extremo sarcasmo, no limite dos limites, de diversão pessoal, de uma pessoa que, no controle de criaturas ingênuas, implanta nelas valores ingênuos, valores sublimes e maravilhosos, sabendo o tempo todo que naqueles valores não há finalidade, nem propósito, nem sentido. Em outras palavras, que aquilo foi uma espécie de diversão pessoal quase demoníaca, tocar melodias para acompanhar aquelas chamas que ardiam silenciosamente dia e noite e aquelas procissões que eram engolidas pelos crematórios insaciáveis.

A segunda ideia parece mais lógica, à primeira vista. Na primeira nos sentimos tentados a acreditar. E talvez eu acredite nela, talvez ela tenha me influenciado, talvez tenha influenciado muitas coisas das quais me ocupo e nas quais acredito. Mas em muitas ocasiões penso que me agarrei a uma ilusão e a transmito de várias maneiras. Porque aquele sarcasmo abissal, supremo, um sarcasmo além de qualquer limite possível, poderia também ser um critério para variações menos extremas na realidade de um mundo onde as coisas não acontecem conforme a cândida crença de Beethoven e Schiller propriamente ditos, mas conforme Beethoven e Schiller que uma vez já foram cantados defronte aos crematórios de Auschwitz. Essa é, obviamente, parte da minha mitologia particular.

14.

Volto a tudo isso com muita frequência, e o assunto também me ocupa profissionalmente, muito embora eu nunca tenha mencionado diretamente o episódio. Mas quando me ponho a interpretar a continuidade da existência de normas sociais, de valores culturais e morais nas condições que foram criadas imediatamente à ascensão dos nazistas ao poder e por todo o caminho até a beira dos fossos dos assassinatos em massa e dos crematórios, então com muita frequência fico propenso, talvez inconscientemente, a escolher a crença naquela manifestação, uma manifestação sem esperança, mas a única possível naquela situação, embora, como já disse, eu pense que a ilusão aqui às vezes é muito maior do que a ferocidade do sarcasmo ou a cínica diversão de alguém que ainda era capaz de brincar com isso em face daquela mortandade. Esse modo de pensar talvez fosse, não direi mais realista, mas mais autêntico.

A questão permanece em aberto para mim, como os braços de Imre que se abriam para os lados e lá ficavam pendentes. Quer alguém escolha a esquerda ou a direita, ou quando eu escolho a esquerda ou a direita, esse é de fato todo o decorrer da minha existência ou do meu confronto com o passado e com o presente, daquele tempo até hoje.

3. A liquidação final do "campo das famílias"

No fim de seis meses, ou no decorrer de uma noite, todos os 5 mil, ou todos os que restavam dos 5 mil que chegaram conosco em setembro de 1943, foram aniquilados. Naquela noite de março de 1944, quase todos eles morreram nas câmaras de gás, com exceção de alguns que só por acaso estavam hospitalizados e foram deixados vivos para enganar os outros — os médicos e os pacientes —, minha mãe e eu entre eles. Os que chegaram em transportes seguintes sabiam que, como seus predecessores, tinham aproximadamente seis meses de vida. Por quê? Ninguém sabia. Quando voltei do hospital, toda a vida no campo era conduzida sob a noção indubitável de que, como o gotejar infalível das areias de uma ampulheta, os dias estavam se esgotando e acabariam nos crematórios.

A liquidação recomeçou em julho, dessa vez de outra maneira. Todos no campo passaram por uma seleção "regular", o procedimento convencional em Auschwitz. Os aptos foram mandados para campos de trabalho na Alemanha — minha mãe estava entre eles —, os outros para as câmaras de gás. Eu estava entre esses outros, destinado a morrer pelo gás, pela segunda vez. Na primeira, sobrevivi por acaso, mas na segunda o acaso não apareceu no horizonte até que, mais uma vez de modo inesperado, o fim foi adiado. Depois de concluídas as seleções, chegou uma ordem para que várias dezenas de jovens fossem escolhidos para trabalhar no campo, por exemplo, puxando carroças, porque, afinal de contas, a mão de obra humana era mais barata que os cavalos, um bem precioso. Assim, fomos transferidos para outro campo e escapamos dessa etapa da liquidação do campo das famílias.

"A ETERNA MORTE DA CRIANÇA — A ETERNA MORTE E RESSURREIÇÃO DA GRANDE MORTE"

Essas coisas estão ligadas a várias situações que se repetem em uma espécie de paisagem onírica mítica. Aquela noite de março, na qual todos os meus amigos de infância — e parte da minha família, como descobri na manhã seguinte — foram aniquilados, retorna em imagens que não vi com meus próprios olhos, mas que revivo continuamente. Como eles entram nas câmaras de gás, e eu com eles, porque meu lugar é com eles. Como eles e eu entramos no corredor e depois nas câmaras de gás, e eu com eles. E como eu, no último minuto, por algum jeito tortuoso, escapo — uma vez pela brecha de uma portinha de ferro enferrujada que se abre, outra vez por algum tipo de curso d'água subterrâneo —, e saio do crematório e cavo por baixo do arame farpado. Inúmeras imagens como essas.

Em uma ocasião faço um discurso aos jovens do bloco, tentando convencê-los de que, embora o lugar aonde irão nos levar tenha sido descrito para nós como um campo de trabalho, isso não passa de uma ilusão, e na verdade estamos condenados a morrer. Quando lá chegamos, eu dou um jeito de fugir sorrateiramente, não vou com eles, escapo sozinho. Eu sei — quando nos aproximamos do lugar — que vou escapar — ou não é bem que vou escapar, mas é que no último instante os acontecimentos não me arrastarão. Essa certeza básica — totalmente racional — de que o único meio de sair daqui é o gás, o sufocamento e o fogo é tão poderosa que é impossível não acreditar nela. E, no entanto, não acredito.

Essa é uma situação concreta que se repetiu várias vezes em Auschwitz e que retorna como um paradigma, em forma de sonhos, seja de fuga ou de volta; fuga de trem, a imagem de uma estação deserta à noite, quando subitamente os alto-falantes dizem meu nome, e eu me apresento e sou mandado de volta para Auschwitz, para os crematórios; e sei que não há como escapar deles e que a única condição e a única lei que os governa é o cumprimento de um imperativo e a resignação à morte e à aniquilação. Contudo, também sei que no último instante, de algum modo, não serei enredado por aquela lei imutável, que há alguma coisa diferente. Essa esperança, embora eu não acredite nela, está sempre presente e no fim se torna certeza, carregada de medo e de tormentos — não tormentos, mas terror e fuga febril e libertação febril de um modo ou de outro —, e tudo se repete em incontáveis variações.

Em Auschwitz mesmo vivenciei isso concretamente, algumas vezes. A segunda vez foi quando nós, um grupo de jovens, deixamos o campo, sabendo que a administração costumava enganar e tranquilizar as pessoas, para evitar tentativas de rebelião pelos prisioneiros veteranos que tinham noção do que significava o caminho dos crematórios. Disseram que tínhamos de passar pelo "campo da sauna", onde o corpo e as roupas dos prisioneiros que chegavam eram desinfetados, e depois prosseguir para o campo principal. Deixamos nosso campo; foi a primeira vez que passamos pelos portões. Viramos à esquerda e fomos chegando

15.

cada vez mais perto dos crematórios. Estávamos todos insuportavelmente tensos. A sensação de que nos caberia agora aquela imutabilidade da lei, da liquidação, da aniquilação, era estupenda, esmagadora. A esperança de que talvez, afinal de contas, não nos estivessem enganando estava lá. Ela era causticante, febril, mas muito hesitante, e a cada passo que nos aproximava do crematório o horror crescia. Os portões pretos, as cercas através das quais não se enxergava, nos enchiam de pavor. Os prisioneiros, que vinham de todas as partes da Europa, esperavam em pé por horas. Poucos sabiam o que os aguardava — mas nós sabíamos, nós sabíamos tudo sobre aquela "indústria".

Fitávamos as chaminés de um dos crematórios. Passo a passo, nos aproximamos. Aquela experiência primordial do horror que assoma, e de ser sugado para dentro dele, engolido lá dentro, isso é o que persistiu; isso, e não o alívio, a esmagadora sensação de alívio quando passamos ao largo do portão e prosseguimos na direção do "campo da sauna" e lá entramos e pelas janelas pudemos ver inclusive dentro da área cercada do crematório — tudo isso eu recordo, de certa forma, mas essa experiência não persistiu na memória. A experiência primordial, a que persistiu, é o trauma, que se repete inúmeras vezes e resume, como uma essência altamente concentrada, a lei imutável da Grande Morte. Uma lei

16.

que prevalecia e se aplicava a cada um de nós. Engalfinhar-se com ela — sem esperança — e no entanto ansiando compulsivamente escapar de suas garras, foi uma experiência de formação.

A "PEQUENA MORTE" E A "VIDA ALÉM DA MORTE"

Um tipo completamente diferente de encontro com a forma de morte de Auschwitz aconteceu em uma espécie de desenvolvimento, se é que se pode usar esse termo, uma progressão involuntária dos jogos de ousadia, os jogos de tocar na cerca de arame farpado eletrificada. Isso foi em outubro de 1944. Na época eu já estava no campo dos homens junto com meu pai, trabalhando como aprendiz de um grupo de ferreiros do qual ele fazia parte. Todo dia depois do trabalho eu passava uma pequena vasilha de metal com sopa para o meu tio do outro lado do arame farpado. Esse tio, irmão da minha mãe, chegara de Theresienstadt e estava em um campo adjacente. Nesse dia específico, mais ou menos ao pôr do sol, foi a mesma coisa. Só que nesse dia eclodiu uma revolta entre os prisioneiros do *Sonderkommando* em um dos crematórios, e esse evento afetou meu destino também. Os prisioneiros se rebelaram, puseram fogo no crematório e tentaram fugir. O procedimento em casos assim era eletrificar a cerca. Obviamente, eu só vim a saber disso depois.

Passei a vasilha de sopa pela cerca, como fazia todos os dias, mas acabei encostando no arame farpado. Senti choques percorrendo todas as partes do meu corpo e fiquei grudado ali. Estava imobilizado, mas senti como se tivesse subido pelos ares e flutuasse a alguns centímetros do chão. Naquele momento compreendi bem o que tinha acontecido: eu fora apanhado na cerca eletrificada.

Naquele momento também ficou claro para mim que eu estava morto, porque todo mundo sabia que quem encostava no arame morria instantaneamente. Mas vejo, mesmo enquanto flutuo, mesmo enquanto me sinto sufocar, enquanto olho para o mundo à minha volta — vejo que nada mudou. O céu azul se esconde entre as nuvens, há pessoas na minha frente — na minha frente, de casaco verde desbotado e segurando uma vara grande de madeira, um prisioneiro de guerra soviético estava parado e me olhava. O único pensamento que martelava o tempo todo na minha cabeça era: estou morto, e o mundo que vejo não mudou! É assim o mundo após a morte?

Lá estava a imensurável curiosidade que um ser humano possui desde o momento em que toma consciência de sua mortalidade; curiosidade que transcende a morte: "Como será que é estar morto? É assim que é estar morto? Afinal de contas, a gente vê o mundo como ele é, e o mundo está visível para mim. Estou flutuando, é verdade, mas nada mudou". Esse enigma, que martelava na minha cabeça desde os meus cinco ou seis anos, sem nenhuma relação com a morte ou com a Metrópole da Morte ou

17.

com os crematórios, de repente estava solucionado. A morte não é a morte: o mundo não mudou; eu vejo o mundo e capto o mundo. Essa foi a experiência que me arrebatou durante todos aqueles longos minutos e segundos, até que alguém por ali pegou a vara de madeira — ou talvez fosse uma pá — das mãos do prisioneiro de guerra soviético e empurrou meu peito com ela algumas vezes. Deslizei para o chão.

O que aconteceu depois — essa é outra história. As queimaduras nas mãos viraram feridas purulentas, e precisei me esconder, senão seria selecionado para o grupo dos inaptos para trabalhar...

4. Outono de 1944: Auschwitz — Metrópole Fantasma

Depois da rebelião do *Sonderkommando* e do meu episódio pessoal no arame farpado, veio a grande evacuação de Auschwitz. A maioria dos prisioneiros que sobraram foi submetida à seleção. O resultado foi que quase todos partiram. O objetivo maior dessa seleção não era o extermínio, mas escolher quem estava apto para ser levado de Auschwitz para o trabalho forçado na Alemanha. Trem após trem, fila após fila de prisioneiros veteranos e de todo tipo de prisioneiro que ainda estivesse entre os vivos partiram para campos na Alemanha. A evacuação de Auschwitz tinha começado. Estava claro: era morte certa para todos os que tinham ficado. Os que se foram seguiram por um caminho de grande incerteza, mas um caminho que era uma saída do círculo fechado. Quase todos os amigos do meu pai, e nós dois também, fizemos todo o possível para ser incluídos entre os que partiram. Eu não teria passado pela seleção — por causa das mãos queimadas e da idade —, mas como tinha feito da última vez, durante a evacuação do campo dos judeus de Theresienstadt, me esgueirei para o meio do grupo dos homens e fui com eles no trajeto para o portão e os trens.

A VOLTA RECORRENTE DOS PORTÕES DO CAMPO

No portão, fui mandado de volta. Era quase uma repetição do episódio anterior, quando me anexei ao grupo de jovens. Naquela ocasião, eu era alguns anos mais novo que os demais, e era evidente que não tinha chance de atravessar o portão. O guarda era um sujeito aterrador da ss chamado Buntrock, que nós, crianças, como os outros prisioneiros, chamávamos de Buldogue. Por aquele portão, sob seu olhar vigilante, todo mundo passou, um por um, e quando chegou minha vez ele perguntou: "Quantos anos você tem?". "Quinze", respondi. E ele disse: "*Warum lügst du?*" — "Por que mente?" — eu não tinha nem onze e meio. Não achei nada para dizer. Eu sabia o que eu já sabia antes de chegar lá.

18. Buntrock, Fritz. Wilh.

Cheguei àquele ponto de saída na hora de aquela grande lei imutável — ninguém escapa deste lugar —, uma lei que também se aplicava a mim, se concretizar, e ao ser mandado de volta eu me juntaria aos que estavam condenados a ser incorporados à imutável lei da morte, a lei da Grande Morte, a lei imutável que governa esta Metrópole da Morte e finalmente está sendo concretizada nessa etapa. Porque, depois dessa etapa, não existe mais morte.

O tal Buntrock, conhecido por sua crueldade, hesita um momento e então agita a manzorra na minha direção, aponta para o grupo de jovens e diz: "*Hau ab!*" — "Some daqui!".

Ele manda que eu me junte ao resto dos jovens, pondo em movimento aquela terrível jornada de medo rumo aos crematórios que já descrevi: à esquerda para os crematórios ou em frente para a próxima etapa, talvez para outro campo dentro de Auschwitz e para novos tormentos e lutas que retardarão por um breve tempo a concretização da lei imutável. Não tenho ideia de quais foram as razões e considerações do guarda — talvez algo tenha se agitado dentro dele, talvez quisesse evitar o trabalho de uma recontagem —, com certeza isso não importa para minha experiência pessoal. Ficou claro para mim que a implementação da lei imutável pela qual eu também me incorporava ao esquema em andamento da Grande Morte havia sido postergada.

Mas esse milagre não tornou a acontecer na grande evacuação de Auschwitz no outono de 1944: fui mandado de volta. Estava claro para mim: minha hora tinha chegado. Já bastava de tentativas de escapar; lutas fúteis deram lugar à resignação com a lei imutável da Grande Morte e com o fim inevitável. Dali em diante, nos meses que restavam antes da liquidação final em janeiro, Auschwitz tornou-se um campo fantasma, e a vida seguia inelutavelmente na prorrogação. Estava claro para todos os que lá permaneciam que a prorrogação acabaria quando a linha de frente se aproximasse, e o campo fosse liquidado de uma vez.

Essa derradeira volta do portão de saída do campo foi muito mais tensa do que todas as etapas anteriores com as lutas, sobrevivências e esperanças e sua panóplia de experiências. A partir dela, acompanhando aquele medo pessoal causticante — tão potente quanto meu pavor da morte —, assomou o medo de que a tirânica lei e ordem que governam todas essas esferas estivessem prestes a se concretizar. Era como encarar todo o rigor da lei, uma espécie de justiça terrível que esmagava pequenas transgressões no moedor do erro insuperável que está adiante.

Muitos anos depois, aqui em Jerusalém, quando li as histórias de Kleist,* acho que compreendi o que na época apenas intuí.

---

* Bernd Heinrich Wilhelm von Kleist (1777-1811), poeta, romancista, dramaturgo e contista alemão. (N. T.)

Compreendi o enorme e terrível impulso para voltar e me resignar, ou talvez o apego à volta e a resignação com a ordem e com a aterradora lei que jazia adiante. Em *Michael Kohlhaas* e em *O terremoto no Chile*, era a lei imutável que estava fadada a se concretizar, contra a qual cada revolta parecia não mais do que um pequeno, desesperançado e inútil adiamento.

Auschwitz como um campo fantasma no outono de 1944, ou do outono de 1944 até janeiro de 1945, quando se deu a evacuação final, era arrebatadoramente diferente do que tinha sido. Concluída a aniquilação e encerradas as operações do crematório, terminaram também as longas filas de pessoas de preto sendo engolidas pelas fornalhas, acabou-se também a movimentação dos trens e tiveram fim as pilhas dos últimos bens trazidos pelos deportados. As chamas cessaram. Apenas um fogo continuava a bruxulear, consumindo os que morriam de "morte natural".

No entanto, continuaram a acontecer coisas. A mais significativa: os crematórios começaram a ser desmontados, e as estruturas remanescentes foram explodidas. Isso trouxe uma sensação estranha, mas na verdade não pôs em dúvida coisa alguma com relação àquela eternamente presente sensação de certeza sobre a Grande Morte, sobre a lei imutável da Grande Morte. Não aquela que engole os que vêm de todas as partes da Europa, mas aquela que compete aos habitantes da Metrópole. Para estes, o destino estava marcado — isso foi o que senti sempre.

E então chegou o inverno, ouvíamos ao longe o estrondo dos canhões da linha de frente que se aproximava, e deram a ordem de mudar do campo de Birkenau, no coração da máquina de extermínio, para o campo Auschwitz I, onde estavam encarcerados os prisioneiros políticos. De lá, na noite de 18 de janeiro, começou a jornada, através dos portões que foram abertos, para uma espécie de liberdade, pela neve branca, a neve da noite, por vastidões desprovidas de todo o aparato da Metrópole que eu conhecia, que eu havia respirado cada momento desde que chegara ali naquela noite de cadeias de luzes bruxuleantes.

A OUTRA JORNADA NOTURNA

A sensação de espanto, de perplexidade, era muito mais poderosa que a sensação de uma perspectiva de liberdade, de alguma possibilidade de salvamento. Mas para mim havia algo novo, algo estranho naquelas vastidões abertas que se estendiam em todas as direções — a brancura da neve, as árvores, os vilarejos, e ao longo da vagarosa movimentação dos prisioneiros, ocasionalmente apareciam aquelas manchas escuras cujo significado não compreendi de imediato. De início havia a sensação de que aquela poderia ser uma jornada de rios humanos, fluindo e abrindo uma brecha na Metrópole da Morte, nas fronteiras da Metrópole da Morte, nos portões da Metrópole da Morte até — talvez — alguma liberdade distante. Mas as manchas escuras, logo ficou claro, eram os respingos da morte sobre a neve branca, enrolando todos os que passavam em uma corrente escura, constantemente se expandindo e alcançando os rios humanos que serpenteavam morosos. Em pouco tempo ficou claro para mim que cada mancha preta era um prisioneiro que tinha sido fuzilado e jogado à beira da estrada. Qualquer um que não conseguisse acompanhar o ritmo da marcha e ficasse para trás era fuzilado. Cada vez mais pessoas mudavam do lado dos vivos para o lado das manchas pretas, e de um gotejar escuro passou-se a um riacho que ladeava os rios, as filas, das quais a liberdade recuava constantemente.

Esse episódio da marcha da morte é um evento em si mesmo, assim como a fuga e o salvamento, mas aqui não é o lugar para descrevê-lo.

Para mim, aquela jornada acabou como algo que nunca realmente levou à liberdade. Permaneci naquela Metrópole, um prisioneiro daquela Metrópole, daquela lei imutável que não deixa lugar para ser salvo, para violar essa terrível "justiça" pela qual Auschwitz tem de permanecer Auschwitz. Por isso, a lei imutável continuou para mim, e assim continuei preso a ela, e foi isso que acabei descobrindo quando lá voltei décadas depois. Naquela volta, com a conclusão do último ato, que eu não tivera então o "privilégio" de vivenciar — o ato de descer pelas ruínas que sobreviveram, pelo menos por aquelas da câmara de gás do crematório —, aquela lei imutável seguiu seu curso, a "joia da coroa foi trazida de volta" — a de Kleist, ou na verdade a de Kulka —, e encerra-se a odisseia na qual permaneci jungido e amarrado àquele lugar.

5. Observações e perplexidades sobre cenas na memória

Vou tratar agora de uma questão que me ocupa bastante, principalmente quando ouço essas gravações e quando leio as descrições que fiz em meus diários sobre as paisagens da Metrópole da Morte. Nelas, o elemento onipresente, predominante, é a lei imutável, totalmente impessoal, da Grande Morte. Contrastam com ela os jogos mais pessoais da "pequena morte". É quase ausente — ou melhor, é completamente ausente — outro elemento, conhecidíssimo graças a relatos biográficos e testemunhos sobre o cotidiano dos campos de concentração. Eu me refiro à violência, à crueldade, às torturas, aos assassinatos individuais que, até onde posso discernir — embora eu geralmente evite ler esse tipo de texto — são descritos como a rotina diária daquele mundo dos campos. Eu me sinto obrigado a perguntar a mim mesmo se alguma coisa daquela violência, alguma coisa daquela violência e crueldade permanece em minha memória. (Quase digo nas minhas memórias, mas meu empenho é sondar a memória, não escrever minhas memórias.) O curioso é que quase não tenho recordações desse tipo; preciso pensar muito e vasculhar as imagens que ficaram gravadas de uma forma ou de outra — como vivências, cores, impressões — para isolar nelas alguma coisa de um tipo que eu possa descrever como violência.

"NA COLÔNIA PENAL"

Na verdade, certos episódios desse tipo habitam também a minha consciência. Anteriormente descrevi, de passagem, os montes de esqueletos, os cadáveres — ossos cobertos de pele — que eram largados atrás dos alojamentos antes do amanhecer e que nós crianças evitávamos, contornávamos ao seguir para o alojamento dos jovens no campo especial dos judeus de Theresienstadt em Auschwitz. Na verdade, daquele campo não me recordo de nenhuma cena de violência, embora certamente houvesse violência por lá, como se evidencia nos desenhos de Dinah Gottlieb e em muitas outras descrições de prisioneiros mais velhos que meu amigo, o poeta Gerschon Ben-David, registrou. Não anotei nem gravei nada disso na memória, como testemunho em si. Assim me parece neste momento.

19.

No entanto, um episódio marcante está nitidamente gravado com todos os detalhes na minha memória: uma punição pública. Um incidente no qual um prisioneiro foi punido na presença dos outros prisioneiros — eles foram forçados a assistir. Aconteceu no outono de 1944, no acampamento dos homens, depois da liquidação do campo das famílias; no campo que era o centro de Birkenau, o principal campo de trabalho, o campo dos prisioneiros veteranos, dos prisioneiros novos e também o nosso, dos jovens. Essa recordação talvez traga à tona mais alguma coisa daquele período, o período após a grande evacuação de Auschwitz, que estava então em andamento, do outono até o inverno de 1944, como que por inércia. Havia nela algo de uma atmosfera fantasmagórica, e assim permaneceu alojada na minha memória.

Era de manhã, de manhã cedo, talvez umas nove horas. Um dia outonal com uma névoa pairando no ar, como uma cerração. A visibilidade era boa de perto, nítida, mas ao longe a paisagem dos morros, e até dos campos adjacentes, desaparecia. Naquela manhã nevoenta fizeram uma busca-surpresa, uma busca para detectar prisioneiros que tinham se esquivado do trabalho. Depois que todos os prisioneiros tinham partido para trabalhar fora ou dentro do campo, todos os que permaneceram receberam ordem de reunir-se para uma espécie de revista, um *Appell*, na terminologia de Auschwitz, na grande praça na margem do campo, defronte à rampa, à ferrovia e aos crematórios. Os prisioneiros se congregaram em um grande quadrado, filas e mais filas, e para o centro foi levado um prisioneiro uniformizado, alguém que eu não conhecia. Tinha sido apanhado na latrina coletiva, onde os prisioneiros às vezes se escondiam. Era ali perto. Ele foi trazido por alguns homens da ss e também, segundo me recordo, escoltado por alguns Kapos que estavam presentes naquela cerimônia de punição pública.

A cerimônia começou com uma espécie de jogo, como que uma diversão, na qual os homens da ss espancaram o prisioneiro com suas bengalas; eu só enxergava a cabeça careca do homem, os golpes que choviam sobre seu crânio, as manchas vermelhas que surgiam depois de cada pancada. Tudo aconteceu como que em silêncio, sem som, no ar saturado de névoa, e no entanto tudo também estava perfeitamente nítido e próximo, cada detalhe visível. O prisioneiro, em uma espécie de dança grotesca, estrambótica, tenta se esquivar dos golpes e proteger os lugares onde é golpeado. Chovem pancadas por todos os lados e, sempre na esteira, as manchas vermelhas na cabeça. Como se fosse uma espécie de jogo. A impressão que me ficou marcada na memória — sem nenhuma consciência moral do ato de tortura — permaneceu apenas como uma imagem na minha mente: o jogo de taco jogado pelos homens de verde da ss, os Kapos em seus trajes bem passados de prisioneiro, o prisioneiro, de cabeça raspada, com um uniforme de prisioneiro imundo, sendo espancado e torturado. De sua pessoa como um todo eu gravei apenas uma parte: a brancura do crânio onde as manchas vermelhas brotavam e o sangue escorrendo pela face.

Depois dessas preliminares, amarraram o prisioneiro em um equipamento especial de flagelação. Ataram as pernas dele, puxaram suas mãos à frente e as amarraram também. Acho que foram os Kapos que o amarraram ao poste, enquanto os homens da ss aguardavam ao lado. Começou então a segunda parte da cerimônia: o açoitamento, com o próprio prisioneiro contando em voz alta as chibatadas, uma por uma. É assim que recordo as chibatadas, uma após a outra, e a contagem que prosseguia, cada vez mais fraca, até por fim silenciar. Depois — pelo que ainda me lembro — soltaram o homem do poste, e todos se dispersaram.

O que retenho dessa cena resume-se a um sentimento de uma "justiça" singular que havia em tudo aquilo; um sentimento que era uma espécie de concretização de uma "ordem" desnorteante que pairava sobre o cotidiano do campo. Vítima e perpetradores, ou os açoitadores e as chibatadas de justiça às quais o prisioneiro fora sentenciado formavam como que um sistema no qual era impossível distinguir, separar a vítima daqueles que aplicavam a punição.

Provavelmente eu não teria me lembrado desse incidente, não teria gravado a cena e sua implicação na memória, se ela não tivesse surgido à minha frente muito tempo depois ao ler o conto de Kafka "In der Strafkolonie", "Na colônia penal". Também nele havia a noção de uma estranha "justiça" que residia na unidade dos opostos, a justiça supostamente exclusiva da "colônia penal", o estranho mundo onde o viajante da história vai parar; e eu me vi como quem assiste de fora, observando como aquela perversa máquina "engenhosa", a invenção do comandante da colônia penal, registra com precisão na carne do condenado a medida da punição que ele merece segundo as regras do jogo. Sim, era a mesma noção de justiça, precisão e absurdo que caracteriza o espetáculo descrito na história de Kafka e que pode ser vista como um espetáculo de justiça esotérica, um espetáculo de justiça feita e sentença executada com o maquinário de punição em um sistema penal que é sua própria entidade autônoma. Como que envolto nisso há uma espécie de sistema capaz de existir sem nenhuma ligação com a estranha paisagem que o viajante encontra e que pode ser transposto para a paisagem do campo naquela manhã nevoenta em Auschwitz. E, de Auschwitz, poderia infiltrar-se em cada situação possível, como se fosse um sistema autônomo, totalmente divorciado de qualquer sentimento de piedade, repulsa, crueldade — até mesmo a distinção entre vítima e perpetrador parece desaparecer completamente aqui. É esse o modo como me lembro da cena, daquela cena de violência-como-ritual, como parte do sistema, não da Grande Morte ou dos jogos da pequena morte, mas do cotidiano. A rotina diária do sistema que funcionou entre a Grande Morte e a liquidação do campo de Auschwitz — na etapa de "Auschwitz como uma cidade fantasma". Mas também de Auschwitz sob o domínio de uma sombra de sua "glória" — um aspecto dessa cidade fantasma que continuou a existir, como a colônia penal da história de Kafka, já destituída de seu propósito, de seu "sentido" original de quando o sistema estava no auge, quando a colônia penal estava no apogeu. Algo que parecia já ter partido do mundo mas que ainda existe, e a ordem existe, a punição existe, e a vítima faz seu papel com aparente concordância, e o viajante perplexo registra os acontecimentos como os vê. Assim eu os registrei.

A EXECUÇÃO

Outra cena desse aspecto de violência e crueldade que emerge quando vasculho a memória não envolve punição, mas morte. Para ser mais preciso, uma execução. Uma sentença cumprida. Também como uma ocasião pública, na presença de todos os prisioneiros do campo. Dessa vez ao entardecer, com os milhares reunidos do outro lado do campo, na ponta próxima ao portão, ao lado das cozinhas, na grande praça daquele canto.

Havia uma praça grande em cada um dos dois extremos do campo, e entre elas, de ambos os lados da rua que o atravessava na longitudinal, ficavam as filas de alojamentos.

O evento foi a execução de três ou quatro prisioneiros de guerra russos que tinham tentado escapar. Sua tentativa de fuga, como muitas outras, fracassara. Foram trazidos de volta ao campo e sentenciados a ser executados na presença dos outros prisioneiros. Isso aconteceu, portanto, depois do trabalho, ao cair da noite, mas ainda à luz do dia. Foi no verão.

20.

O que recordo dessa ocasião? Primeiro, novamente, um grande mar de pessoas, dispostas em configuração de U. Filas e mais filas de prisioneiros, e à frente os patíbulos, alguns patíbulos, uma plataforma com patíbulos e sobre ela vários homens da ss. E os condenados. Silêncio. Aqui me lembro do silêncio. Ele me leva de volta em um piscar de olhos à cena anterior: quando evoco aquela cena na memória e a relaciono com esta, é a grande mudez, o tremendo, estonteante silêncio, e nos dois casos aquela imagem da punição, aquela dança de tormento e as bengalas flageladoras — como se acontecesse em silêncio, em uma imensa quietude, que prevalecia sobre tudo e que a tudo governava. Havia silêncio, pois. Eu me lembro bem.

Portanto, novamente, o silêncio carregado, do qual saiu — subitamente o cortou — a conhecida ordem: "*Mütze-e-e-en ab!*" — "Tirar bonés!" — e instantaneamente todo o espaço clareou com a luz de milhares de cabeças raspadas. Os prisioneiros, em um movimento ensinado através de incontáveis maus-tratos, tiraram o boné em pronto uníssono e produziram uma espécie de gigantesco halo que iluminou os primeiros bruxuleios do crepúsculo. E de novo, o silêncio. Então os prisioneiros foram levados aos patíbulos.

Já não me lembro se um veredicto foi lido em voz alta, se foi dita alguma coisa. O que me lembro é do ato de eles serem levados ao patíbulo, dos nós sendo atados nas cordas, dos laços ao redor do pescoço e do seu brado despedaçando o silêncio: "*Za Stalina! Za rodinu!*" — "Por Stálin! Pela pátria!"—, gritos de heroísmo, de resistência.

Eu me lembro de que, enquanto estávamos diante daquele último ato, baixei os olhos e me recusei a olhar. Mas me veio um pensamento: você tem que olhar! Tem que gravar isso no coração! Tem que se lembrar disso e tem que se vingar na hora da justiça e da retaliação. Então olhei para a frente e estive presente durante toda a cerimônia: os últimos brados dos condenados, e o silêncio que tornou a prevalecer enquanto os corpos se contorciam nos laços. Depois todos se dispersaram.

Essa ideia de justiça sendo feita transcende a lei imutável que prevalecia naquele lugar. Como se aqueles brados rasgassem o presente daquele tempo e revelassem outra dimensão, utópica mas ao menos por um momento uma realidade concreta, pois todos ouviram, todos prestaram atenção, todos contemplaram a vingança que ali foi chamada pelo nome. E eu interiorizei essas coisas.

"A SOLUÇÃO DA QUESTÃO ALEMÃ"

Novamente vasculho a memória e me pergunto agora se víamos outras manifestações daquele pensamento sobre abrir uma brecha no presente e lidar com a lei imutável por diferentes meios, por meio de outros tipos de protesto: protestos como o cabaré satírico no alojamento dos jovens do campo das famílias, o recurso de continuar a preservar os valores da herança humanística com que tínhamos sido criados. Mas tudo isso é outra questão. Na época não era uma luta definida — vamos chamá-la de política, conceitual — para solapar a lei imutável e seu governo, ou algum salto para além do fim de seu domínio, coisa que ninguém acreditava racionalmente ser possível. Mas no momento daquele protesto às claras, daquele brado desafiador, foi como se — eu, pelo menos — quisesse me preparar para aquele fim, como uma chance. Obviamente foi só por um breve momento, um jogo para o qual fui arrastado, mas a causa era real: o desejo de retaliar, o desejo de vingar, o desejo de ver uma realidade diferente que viria depois. Por um instante, ele foi concreto.

Mais uma vez, porém, volto à questão: foi, afinal de contas, um momento muito breve, minutos apenas, e no entanto permaneceu gravado em minha memória, com toda a pompa dos homens da ss na plataforma, dos prisioneiros, aquela enorme cerimônia. Não obstante, no ponto crucial daquela experiência permaneceu aquele brado, aquele pensamento, e as reflexões do menino que olhou tudo sem pestanejar.

Mas volto à questão: teria havido outros momentos como esse, outras manifestações semelhantes, de que me lembro, que teriam subvertido a lei imutável? Muito estranhamente, essa busca nos recessos da memória — tão distintiva e tão seletiva, ao que parece, no modo como essas imagens da Metrópole se alojaram na minha consciência — me conduz a outra experiência de formação: um encontro com a herança humanística da cultura ocidental. Fui acometido naquele tempo por uma doença que parecia mortal, e hospitalizado no "bloco dos doentes" com alguns outros prisioneiros criticamente enfermos — episódio que descrevi anteriormente.

Dentre os outros prisioneiros daquele bloco, eu me recordo bem de um moço de rosto fino, com uns fiapos de barba, chamado Herbert, e de um amigo dele. Foi Herbert quem me deu um exemplar de *Crime e castigo*, de Dostoiévski, Herbert quem me explicou quem foi Beethoven, e Goethe, e Shakespeare, e falou sobre a cultura que eles nos legaram — isto é, o humanismo europeu. Herbert e pelo menos um de seus amigos costumavam se entreter nas longas horas e dias que passaram naquele lugar (e não sei se saíram de lá) com uma variedade de diversões intelectuais. Uma das coisas de que me lembro bem, embora na época eu não entendesse realmente o sentido, era um jogo de sugerir ideias para a "solução da questão alemã". O termo "Solução Final da Questão Judaica" não era conhecido então, mas a "Solução da Questão Judaica" era um conceito bem familiar. Era, obviamente, uma paráfrase, uma inversão improvisada dos destinos e — queira eu admitir ou não — uma tentativa de retaliar, de levar a história à justiça, talvez de vingar "a solução", que hoje chamamos de tentativa de implementar "a Solução Final" — a aniquilação total do povo judeu —, que ocorria ali diante dos nossos olhos todos os dias.

As soluções propostas eram variadas e numerosas. Lembro-me claramente de uma delas. O interessante é que não era uma solução óbvia, isto é, pôr todos os integrantes da nação alemã nas instalações onde estava sendo implementada a "Solução da Questão Judaica": olho por olho. Essa solução específica provavelmente foi a única não aventada. Nem a solução de Auschwitz, nem a solução da aniquilação nas câmaras de gás, nem a solução da cremação. A solução de que me recordo bem — houve também outras do mesmo tipo — era pôr todas as mulheres, crianças e idosos em navios e afundá-los em alto-mar. Os homens seriam destinados ao tipo de trabalho escravo que testemunhávamos. Disso me lembro, juntamente com a frase "a solução da questão alemã" e a diversão sarcástica que emergia do variado leque de outras soluções, das quais, não sei por quê, não me recordo concretamente.

Já que trouxe à memória essa questão — por que não Auschwitz? Por que não esse mesmo Auschwitz, a solução idêntica? —, só posso tentar conjecturar uma resposta: essa aversão possivelmente refletia uma espécie de repulsa ao contato com a ação de assassinar, a ação de executar, a ação de aniquilar, e era para nós, naquele tempo, um modo de censurar aquela nação criminosa, a responsável pela "Solução da Questão Judaica" em Auschwitz — condená-la, bani-la das nações do mundo, e desejar que ela desaparecesse nas profundezas do oceano. Era esse o contraste que parecia emanar daquele divertimento amargo, daquela imaginação, daquele desejo de que a justiça fosse feita, e talvez também de se vingar. Sim, disso eu me lembro.

"NÓS, OS MORTOS, ACUSAMOS!"

Continuo a buscar e encontro o tema da vingança — o tema de que a justiça seja feita, de que a justiça siga seu curso no devido tempo — também em outras mensagens: em documentos daquele lugar que sobreviveram e com os quais tive envolvimento e contato diretos enquanto ainda estava lá, ainda naquela Metrópole, e que trouxe em meu corpo para o mundo pós-guerra. Um deles é a carta de despedida que minha mãe escreveu na noite de 30 de junho de 1944, quando pensávamos que não sobreviveríamos à liquidação final daquele campo. Ela escreveu uma carta de despedida a meu pai: uma carta admirável, hoje guardada nos arquivos do Yad Vashem, depois de ter ficado anos sob os cuidados dele. Em uma frase dessa carta ela expressa revolta com a crueldade da provação: por que a vida de uma criança inocente tem de acabar nessas mãos brutais?! E a frase seguinte ressoa com a exigência de que se vingasse aquele sangue sem culpa, o sangue dos inocentes que era derramado ali. Na época, obviamente, eu não entendi todas as implicações dessa frase; só muito depois, quando me familiarizei mais com a tradição judaica, com a linguagem da prece, fui reconhecer nas palavras dela o verso onde os fiéis clamam a Deus que vingue o sangue dos inocentes. Parece-me que essa frase evoca o sentimento de um clamor por justiça, justiça como uma metadimensão, transcendendo a morte pessoal de membros da família, desdobrando-se nesse prodigioso sistema da todo-poderosa Grande Morte, com a qual não se pode lidar diretamente. Somente personificando essa realidade em referência a mim — um menino condenado por aquele implacável decreto de morrer naquela noite —, minha mãe foi capaz de articular aquela declaração de clamor por vingança, por um justo acerto de contas, que deveria ser forjado em alguma outra constelação da história, do pensamento, da cultura, da religião. Aquele verso continua a reverberar na minha mente: "*Hashem yikom dam nekiim*" — "Deus vingará o sangue dos inocentes".

Mas isso, na verdade, foi uma anomalia, uma anomalia raríssima no sistema. No sistema segundo me lembro dele, segundo o vivenciei inexoravelmente. É esse o sistema da lei imutável da Grande Morte, uma imutabilidade que é aparentemente fechada em si mesma, além da qual não existe nada; e mesmo quando existe alguma coisa como uma centelha de rebelião, de ilusão, de esperança, essas noções apenas passam flutuando aqui e ali como grãos de poeira na superfície da soturna consciência que é inata dentro de nós. E permanece conosco depois, também, como aquele sistema fechado em si mesmo.

No entanto, houve outras mensagens, outras centelhas que foram preservadas, algumas como criação artística. Como a carta de minha mãe, outros três testemunhos também foram preservados: semelhantes, paralelos, mas de um tipo bem diferente. Refiro-me a três poemas, aparentemente as últimas obras de uma poeta desconhecida de uns vinte anos (um dos poemas permite inferir sua idade), que deixaram de ser destruídos na noite da grande aniquilação dos integrantes do transporte no qual eu também chegara a Auschwitz. Naquela noite da grande conflagração, uma jovem, em pé na entrada da câmara de gás, no último instante tirou um maço de papéis e o entregou a um dos Kapos, cuja tarefa era assegurar que aquela "operação especial" fosse executada "sem emperramentos". No dia seguinte ele deu aquelas páginas ao meu pai, sabendo que ele tinha ligações com o campo dos judeus tchecos. De início, meu pai pensou que eram as despedidas da minha mãe. Só quando abriu o pacote ele descobriu que tinha nas mãos os três únicos poemas escritos no campo das famílias dos judeus de Theresienstadt que sobreviveram às chamas de Auschwitz. O primeiro intitulava-se "Nós, os mortos, acusamos!".

6. Três poemas do umbral da câmara de gás

Os três poemas foram escritos em tcheco, em papel de carta fino e desbotado. O primeiro parece sintetizar e, a seu modo, intensificar a mensagem dos três episódios anteriores que descrevi: as últimas palavras dos condenados em sua execução pública; a diversão sarcástica com a visão da história futura de acordo com os condenados no alojamento do hospital; e a sentença, na carta de minha mãe, clamando por vingança pelo sangue dos inocentes. Mas os poemas também são mais do que isso, pois nos três está preservado o único estilhaço cintilante que foi salvo de uma grande obra de arte que existiu e pereceu naquele lugar de extermínio.

O primeiro poema, "Nós, os mortos, acusamos!", evoca uma cena apocalíptica de intermináveis filas de mortos, só ossos e cinzas, uma legião imensa a multiplicar-se para sempre nas entranhas da terra. Em uma visão profética de uma aterradora ressurreição dos mortos, lança-se um clamor a toda a humanidade pela justiça e pelo acerto de contas.

O segundo poema, "Sepultura estrangeira", é um lamento que não contém cenas de Auschwitz. A poeta carpe toda uma era histórica no destino da Europa, em um crescendo de pesar e de protesto contra o absurdo assassinato em massa nas duas guerras mundiais que destruíram sucessivas gerações de jovens europeus.

O terceiro poema, "Prefiro perecer", faz um confronto lancinante sobre a questão de reagir à violência e à carnificina com violência e carnificina. O último credo da poeta desconhecida é a escolha de se recusar a praticar a violência e a manchar as mãos de sangue, mesmo como resistência nas derradeiras horas dos condenados à extinção.

NÓS, OS MORTOS, ACUSAMOS!

Não, não há cruzes carcomidas em nossos túmulos
e não há lápides abauladas.
Não, não há coroas nem grades de metal lavrado
ou anjos cabisbaixos,
salgueiros e uma coroa com fio dourado,
uma vela eternamente a queimar.
Viramos pó em fossos atufados de cal,
o vento farfalha em nossos ossos.

Crânios lívidos de desesperança
estremecem no arame farpado
e nossas cinzas se vão aos quatro ventos
espalhadas em milhares de urnas.

Formamos uma corrente em volta da terra,
sementes dispersas pelos ventos;
contamos os dias e anos
esperamos; não nos apressa o tempo.

E cá embaixo somos mais e mais;
inchamos e crescemos dia após dia;
seus campos já andam intumescidos conosco
e um dia sua terra vai rebentar.

E então emergiremos, em medonhas fileiras,
um crânio sobre os nossos crânios e canelas ossudas;
e urraremos na cara de todos
Nós, os mortos, acusamos!

SEPULTURA ESTRANGEIRA

Uma cruz tombada e um capacete fendido;
a chuva não regará a terra crestada.
Naquela tumba sob a torre desmoronada
como estrangeiros em um túmulo estrangeiro jaz
a juventude chacinada da Europa.

Abarrotado, com uma cruz raquítica de vidoeiro
esse túmulo se transforma em chaga hedionda.
E estrangeiros aqui, em uma terra estrangeira distante
em meio aos ossos, estão os ideais
de vinte jovens anos

Não, nenhum monumento é preciso
sobre o túmulo nesse silêncio
nem acima de todos uma cruz de metal.
Esse túmulo brame e brame
sua eterna trenodia

Mas quando passar a tempestade
quem há de entender, quem há de entender

que aqui em um túmulo estrangeiro apodrece
(quem dirá por que utopia)
a juventude traída da Europa?

PREFIRO PERECER

Eu sei: há palavras grandiosas
pelas quais se pode morrer.
Essas palavras inflamam
e calma é covardia
quando elas clamam à massa
sob as cores do regimento.

Mas quem conhece as velhas mães
deixadas sem ninguém
e as crianças sem pais
não acredita em nada do que dizem.

Eu sei: há grandes feitos
e eles requerem sacrifícios.
Eu sei: há feitos heroicos
usados para santificar
os ganhos de guerras sem propósito
em demoradas tréguas.

Mas quem viu de longe
catedrais em ruínas
e cidades destroçadas em chamas
não acreditará mais neles.

Eu sei: há grandes homens
com pretensões à imortalidade.

Eles se inscreveram nas eras com seu sangue;
e há deles mais do que o suficiente
nos cemitérios de cada terra
à sombra de respeitáveis tílias.

Mas quem viu
sob a espada ensanguentada
os feridos convulsos em agonia,
os conhece ainda melhor.

Eu sei: sou um animalzinho deplorável
e possivelmente indigno.
Eu sei: estas minhas palavras
são um veneno perigoso
capaz de empeçonhar
sua canção altiloquente.

E no entanto prefiro perecer
com seu cuspe em meu rosto,
prefiro morrer covarde
*a ter sangue nas mãos.**

---

* Tradução da versão inglesa de Gerald Turner do original tcheco. (N. T.)

7. Jornada à cidade-satélite da Metrópole da Morte

Tudo o que eu disse antes foi o que observei em mim. Mais precisamente, foram observações reflexivas do meu ambiente naquele tempo e do que aconteceu nele, de episódios cruciais escolhidos, porém vistos pelo prisma das paisagens da Metrópole da Morte.

Agora preciso ganhar coragem para embarcar em uma jornada a esferas que jazem aparentemente em seu extremo. Uma jornada que tocará em um ponto vivo, causticante, amortalhado sob uma camada de luz e sombra de obscura imprecisão, sempre silencioso. Aqui também é possível me concentrar em descrever cenas individuais.

ÀS PORTAS DA SAÍDA DO HADES

A primeira delas acontece no coração da Metrópole, mas do lado oposto dos trilhos do trem e de sua última parada, a "rampa" entre as duas estruturas dos crematórios I e II. A primeira cena, portanto, se dá no extremo dos trilhos, no campo das mulheres (*Frauenlager*) de Birkenau, em julho de 1944. Esse pode ser o começo. O fim ou a continuação e a finalidade vieram muito depois, em um lugar bem distante, e têm uma ligação misteriosa com uma forte corrente de água; a corrente do tempo que atravessa a Metrópole da Morte e, bem longe dela, em uma de suas cidades satélites, deságua no mar Báltico. Essa jornada final — a Danzig e ao antigo campo de concentração de Stutthof — foi feita 48 anos depois, em outubro de 1992, e está documentada em meu diário, cobrindo aproximadamente o período de outubro de 1992 a fevereiro de 1993.

21.

Retorno a julho de 1944: a última imagem, na verdade a única, da despedida de minha mãe. Aconteceu alguns dias depois da liquidação final do campo das famílias, BIIb — isto é, da liquidação daqueles que permaneceram ali depois das últimas seleções, as finais. Eu tinha sido transferido, juntamente com o grupo de jovens, para o campo dos homens, BIId, enquanto minha mãe, como já disse, foi mandada para o outro lado, para os prédios de tijolos cinzentos do campo das mulheres.

Lá eu a encontrei pela última vez, quando fui me despedir dela. Para que nos víssemos mais uma vez, antes que ela partisse. Eu sabia que ela iria embora. Para onde? Eu não sabia. Isso foi antes da ida por aquele caminho que parecia seguir apenas em uma direção e ser engolido pelos crematórios ou por aquela malha ramificada de teias de aranha — a grade dos campos — como as vimos ao chegar.

Vêm imagens à minha mente: uma imagem. São, na verdade, segundos, apenas segundos, segundos de uma despedida apressada após a qual minha mãe se virou e começou a andar e a se distanciar na direção daquelas estruturas cinzentas do campo. Ela vestia uma saia fina que ondulava à menor brisa, e fiquei olhando enquanto ela andava e se afastava. Eu esperava que ela virasse a cabeça, esperava algum tipo de sinal. Minha mãe não virou a cabeça, só andou, andou até se tornar um pontinho no outro extremo, um pontinho que eu sabia ser aquela saia leve de verão — e desapareceu. Não sei quanto tempo fiquei ali parado. Eu não conseguia entender. Continuei matutando sobre o significado desse enigma, da frieza do ato, seguida por aquele lento desaparecimento transformado em mera manchinha de cor. Pensei sobre isso depois, e venho pensando até hoje: por que ela não virou a cabeça, pelo menos uma vez? Eu sabia que a tinham marcado para partir daquele lugar — naquela partida, naquela tentativa desesperada de sair do Hades de Auschwitz. Não sei se pensei nisso na época, mas toda vez que reflito sobre aquele ato, sobre aqueles últimos minutos, é impossível não trazer à mente o arquetípico mito da tentativa de sair do Hades. Quem ali era Orfeu e quem era Eurídice — isso não está claro para mim —, mas minha mãe não virou a cabeça e partiu daquele lugar e desapareceu.

Minha explicação simples na época foi que se ela tivesse virado a cabeça não teria conseguido suportar a loucura do horror, a dor insuportável e a consciência de que estava nos deixando ali, meu pai e eu, ao alcance da lei imutável da qual ninguém é isento, certamente não eu na idade que tinha então. E talvez ela temesse que em meio àquela loucura de dor, de voltar para mim, para nós, todos morreríamos.

Foi só muito tempo depois, muito depois da guerra, muito depois de chegar até nós a notícia de sua morte, que vim a saber mais, aqui em Jerusalém, por aquela que a acompanhou em seus últimos momentos, e também durante toda a jornada na qual elas deixaram Auschwitz e por todo o tempo naquela cidade-satélite da Metrópole da Morte, o campo de Stutthof; eu soube então de algo que permitia uma interpretação diferente, talvez, para o impenetrável mistério daquele andar resoluto para longe de mim, daquele desaparecimento pelo caminho de saída daquele lugar: minha mãe levava consigo o embrião de meu irmão, um embrião de Auschwitz, do encontro dela com meu pai ali, e também sua decisão de tentar partir pelo menos com ele, se nós dois tivéssemos que permanecer e perecer.

Ela suportou todas as provações da jornada, o trabalho massacrante e, milagrosamente, e graças à habilidade e ao sacrifício de suas amigas, conseguiu chegar à hora do nascimento. O menino nasceu em Stutthof, e as amigas dela, ou as mulheres que trabalhavam no hospital, prometeram resguardar o recém-nascido se não surgisse nenhuma emergência e se não entrasse ninguém da direção do estabelecimento, vale dizer, homens da ss. O bebê era sadio e berrava como um bebê sadio, e os homens da ss que estavam prestes a se aproximar causaram seu fim: aquelas mesmas amigas deram cabo da vida dele. A grande imutabilidade da morte, a Grande Morte que prevalecia em Auschwitz — na qual parecia ter se aberto uma fenda, dos trilhos de trem que se afastavam e dos vagões que levavam os remanescentes do nosso campo, entre eles minha mãe, como uma fenda de esperança de sobreviver, de romper a muralha da lei imutável —, aquela implacável imutabilidade continuou a funcionar também longe da Metrópole: naquela filial da Grande Morte, naquela cidade-satélite, no campo de concentração de Stutthof, no extremo norte, na costa do mar Báltico, no estuário do rio Vístula; o rio que, como os trilhos de trem, seguia sem pressa da orla de Auschwitz para a vasta e terrível floresta que agora atravessa também as terras daquele campo para mulheres judias, como vi na viagem em que procurei o lugar onde minha mãe estava sepultada.

Minha mãe se recuperou do parto antes da evacuação do campo de Stutthof. A marcha da morte foi de uma crueldade extrema, e as mulheres que ainda sobreviviam sofreram morte medonha e brutal nas mãos dos soldados da ss. Ela escapou disso. Ela e suas três amigas fugiram pouco antes do começo da evacuação e encontraram abrigo em uma cabana no quintal de um fazendeiro alemão, fingindo que eram refugiadas alemãs da cidade

22.

23.

próxima, Elbing, que tinha sido bombardeada. Ali uma das mulheres adoeceu, aquela que depois me trouxe as informações sobre o que aconteceu com minha mãe desde que deixara Auschwitz até seus derradeiros momentos. Minha mãe tinha trazido um diamante que ganhara de meu pai antes de partir, pensando em usá-lo para cuidar de si e do bebê quando fosse preciso. Ela o trocou por dinheiro, roupas e remédios, e cuidou da jovem, que fora acometida de uma doença grave e geralmente fatal, a febre tifoide, trazida de Stutthof quando elas fugiram. A moça se recuperou. Depois, como ela contou na visita a Jerusalém, minha mãe adoeceu e não se recuperou. Está enterrada no pequeno vilarejo às margens do estuário do Vístula onde as quatro encontraram abrigo, na época conhecido por seu nome alemão, Nickelswalde, e hoje por seu nome polonês, Mikoszewo, ao lado do cemitério protestante alemão daquele período. Hoje ele contém apenas algumas sepulturas de católicos poloneses, um lugar que, milagrosamente, conseguimos localizar.

24.

A lei imutável da Grande Morte, a lei imutável recorrente naquele sonho de infinitas permutações, que já chamei de "a eterna morte da criança" — aquela terrível imutabilidade não cessou nem mesmo aqui, na tentativa de salvá-la. Seus últimos momentos, suas últimas alucinações, segundo me descreveu essa amiga, foram dedicados a mim: preocupação e pesadelos nos quais ela me via escondido em um lugar secreto que meu pai e eu tínhamos preparado para a hora em que o campo tcheco, o campo das famílias, seria liquidado, para o caso de não sairmos de lá; isto é, de eu não poder sair, de não ser incluído no grupo de jovens escolhidos para mais uma prorrogação da vida. Muito embora minha mãe soubesse que eu tinha saído, pois quando nos encontramos eu já estava em um campo diferente, a imagem que permaneceu com ela naquelas horas tenebrosas foi a de seu filho naquele esconderijo no campo deserto; um esconderijo que ficava em uma espécie de mezanino da enorme caixa-d'água no grande galpão dos banheiros dos prisioneiros, o galpão com acústica esplêndida onde cantamos — a duzentos metros da plataforma de seleção, a uns trezentos metros dos crematórios —, onde cantamos então no coro das crianças, regidos pelo maestro, a "Ode à alegria": "Alegria! Centelha divina [...]! Extasiados e prostrados, entramos em seu santuário". Aqui se fechou o círculo, depois que ouvi o desfecho dessa tragédia, predeterminada que era, na Jerusalém de 1961.

NO ESTUÁRIO DO GRANDE RIO DO TEMPO NA COSTA DO MAR BÁLTICO

Contei essa história antes de outra história de desenlace, na qual mais um círculo se fechou: a história da jornada que meu pai e eu fizemos quando fomos a Danzig e a Stutthof. Fomos procurar o túmulo, procurar a cidade-satélite da Metrópole da Morte — e lá chegamos. O portão, ao contrário do de Birkenau, estava bem conservado, e os prédios que recebiam os visitantes eram tão bem guardados quanto preservados, com salas de museu e salas de pesquisa para os funcionários do local, que naquele meio-tempo fora transformado em memorial. Um memorial principalmente do campo dos prisioneiros do movimento da resistência nacional polonesa contra os nazistas. A avenida que levava ao campo e sua continuação dentro dele lembravam os campos bem organizados, como Dachau, na Alemanha, com plantas, mapas e dados estatísticos, seguidos por algumas salas contendo acessórios de tortura e instrumentos de execução. Mas o campo propriamente dito, Stutthof propriamente dito, era uma espécie de campina, uma vastidão que parecia quase interminável, desolada e no entanto de algum modo cultivada, com a grama aparada, uma espécie de grande gramado a estender-se — não interminavelmente, mas até a orla de uma grande floresta negra, além da qual, nos disseram, ficava o mar.

25.

Enquanto estávamos lá, no frio do mar Báltico em fins de outubro, diante de um dos mapas do campo, eu me separei do grupo e comecei a andar na direção da floresta. Porque lá, naquela floresta, como nos foi explicado, encontrava-se o campo das

26.

mulheres judias de Auschwitz. Lá, também, ficava o grande fosso onde os corpos eram queimados.

Andei — não sabia realmente aonde estava indo ou o que queria —, andei por aquele vasto gramado, sem cercas, sem arame farpado, sem capim alto, sem árvores, pelo espaço onde os campos eram marcados por estruturas brancas mais ou menos retangulares feitas de pedra talhada, com placas sobre elas que indicavam cada campo que existira ali. Fui de um tipo de monu-

27.

28.

mento a outro, de um campo a outro, me aproximando da floresta onde não havia estrutura nem pedra alguma. Era um lugar de desolação primordial: charcos, árvores caídas, vidoeiros-brancos, árvores escuras e árvores que não me dei o trabalho de identificar.

Fui chegando perto e depois de hesitar um pouco entrei na floresta. Contornei os charcos, as poças e parei. Recitei o kadish, li o kadish, a oração judaica pelos mortos. Comecei a voltar.

TIRAS DE COURO

Andando por lá, vi à minha frente apenas a floresta. Na volta, meus olhos vieram fixos no chão. E assim, esquadrinhando a grama a esmo, quase a cada passo encontrei tiras de couro — escuras, algumas em decomposição, ressecadas. Peguei uma ou duas sem saber o que estava fazendo, mas, como na volta a Birkenau, quando peguei um pedaço de tijolo nas ruínas do alojamento dos jovens e das crianças e outro pedaço nos escombros dos crematórios e os trouxe comigo para Jerusalém, isso era indubitavelmente o que eu queria fazer, e fiz, com aquelas tiras de couro. Porque eram a única coisa distinta naquela grama.

29.

Voltei, então, e me juntei ao grupo com o qual tinha vindo. Fomos todos para o bem cuidado e aquecido quartel-general da ss, agora um local de pesquisa. O diretor propôs que eu, "ilustre historiador", fosse conhecer os pesquisadores e tomar chá com biscoitos. Era uma ocasião difícil para mim, mas tentei trocar algumas palavras com eles sobre temas de pesquisa. Também recebemos uma fotocópia da relação das fichas das prisioneiras, da ficha de minha mãe, com seus detalhes: causa da morte — em branco; data da morte — em branco; data de chegada e local de estada anterior — Auschwitz. Guardo essa ficha até hoje.

"O QUÊ? AQUI TAMBÉM...?"

Mas descrevo esse encontro principalmente por causa de algo que aconteceu depois, quando fomos ver a pequena exposição montada no prédio. Um dos itens da exposição era uma vitrine grande e comprida contendo milhares de sapatos, todos amontoados desordenadamente lá dentro, como se vê em fotografias do museu de Auschwitz.

30.

Perguntamos a eles: "O quê? Aqui também... tiravam os sapatos das mulheres antes de mandá-las para a morte?". Pois em Auschwitz aqueles sapatos haviam pertencido a centenas de milhares de pessoas que não precisaram mais deles depois que os

31.

tiraram nos corredores das câmaras de gás. O diretor do lugar respondeu: "Não, esses sapatos são de Auschwitz".

De fato, Auschwitz, além de mandar os exércitos de escravos — as mulheres — trens lotados de escravos de cabeça raspada —, também mandou vagões de carga com sapatos, que os prisioneiros de Stuthoff tratavam de consertar, reformar e examinar, para ver se traziam escondidos os últimos tesouros daqueles que pereciam.

Dessa indústria, que depois enviou os sapatos a todas as partes do Reich, restaram as tiras de couro espalhadas por toda a vasta área dos campos, que, como observei, era admiravelmente cultivada na forma de um gramado colossal com monumentos retangulares de pedra branca. Ali estava, portanto, outra surpreendente ligação entre a Metrópole de Auschwitz e sua cidade--satélite de Stutthof: não só as pessoas foram apanhadas pela lei imutável, apesar de terem deixado aquele lugar, mas também os sapatos das vítimas, daqueles que pereceram, acompanharam-nos até lá. E a poderosa corrente do rio Vístula, "o Vístula malvado", o rio de cujo trecho inicial começáramos a nos aproximar então, no meu retorno anterior a Auschwitz com o motorista tagarela de Cracóvia, que relatou as malvadezas do Vístula que transbordava e fazia mal às pessoas e aos animais, e onde eram jogadas as cinzas dos cremados — isto é, em seu afluente, o Sola, que deságua nele: esse Vístula, que atravessa a Polônia de sul a norte, até as planícies da Prússia Oriental, e se derrama como uma espécie de grande delta no mar Báltico, simbolizava aquela ligação, a ligação com a lei imutável da qual não há como escapar.

32.

FOI EM 25 DE JANEIRO DE 1945

Portanto, também não havia como escapar do último lugar para onde fomos. Era o vilarejo de Mikoszewo, no extremo da estreita linha de trem que conduzia à balsa usada para transportar passageiros para o outro lado do grande estuário. Na época, ela transportava os prisioneiros que tinham sobrevivido à marcha da morte até o outro lado, onde continuavam a jornada.

Aquele foi o lugar do massacre brutal de todos os que restavam; na época minha mãe já não estava entre eles. Ficava a algu-

33.

mas dezenas, a algumas centenas de metros da casa onde ela e as amigas conseguiram se abrigar sob identidades falsas quando escaparam, e, como eu disse, foi nesse mesmo lugar, nesse mesmo Vístula, que mais tarde encontramos o cemitério. Nós o encontramos a partir do testemunho da única alemã ainda viva que pertencera à população alemã daquela época, e seu avô, ela nos contou, fora o agente funerário da região. Ela se lembrava dos caixões de duas das quatro mulheres daquela fazenda alemã que foram trazidos à noite para ser enterrados, primeiro um, depois outro. Ela mostrou o lugar. Não havia lápides. De lá retornamos, primeiro para Danzig, em seguida para Praga e por fim para Jerusalém.

As anotações sobre essa jornada em meu diário contêm descrições minuciosas das paisagens, dos acontecimentos e também dos meus pensamentos. O que elas não contêm é o início da jornada, a descrição do início, da despedida em Auschwitz, daquela tentativa desesperada de sair do Hades e a história da nova vida que supostamente tinha escapado do destino que governava a todos, inclusive longe dali. Naquela tragédia predeterminada, para

34.

a qual evoquei o mito de Orfeu e Eurídice, era impossível atravessar o Stix do rio Vístula para voltar à vida. Só era possível seguir por ele, ir para o norte com sua correnteza. E como a lei imutável alcançava até a pequena morte — até a pequena existência — pelas mãos das mulheres hipócritas do hospital, talvez mensageiras do destino, a Grande Morte alcançou minha mãe, também, ali. Foi em 25 de janeiro de 1945, não muito antes de o vilarejo ser libertado — ou conquistado, na opinião da população alemã local da época — pelo exército soviético.

35.

8. Paisagens de uma mitologia particular

Diante da Porta da Misericórdia selada

Neste capítulo passarei a uma época muito diferente, a Jerusalém do final dos anos 1960. Não me lembro se foi imediatamente depois da guerra — a Guerra dos Seis Dias — ou um pouco mais tarde, depois que voltei de um ano na Inglaterra, mas o lugar em que isso me aconteceu foi o Monte do Templo. Era minha primeira visita ao Monte do Templo, ou pelo menos à sua parte nordeste, desolada e malcuidada, depois do Domo da Rocha, no caminho para a Porta da Misericórdia, o Portão Dourado selado.[1]

Fui sozinho. Atravessei a praça de lajotas, passei pela magnificência antiga que sobreviveu. Continuei pela área inculta, desolada, recoberta de mato e de espinheiros altos — não tão altos, mas densos, escuros, cinzentos —, e uma quietude esmagadora vinha junto enquanto eu me aproximava da descida para o portão bloqueado.

De repente fui tomado por uma certeza absoluta, que não podia questionar: *já estive neste lugar!*

36.

    Era absurdo, claro. Claro que eu não tinha estado naquele lugar, nunca, não poderia ter estado, mas a certeza era total, inequívoca. Reviro meu cérebro, tento analisar as coisas, identificar detalhes, sondar sentimentos, encontrar explicações — e naquele momento, parei. Parei ao lado de um arame farpado enferrujado, jogado no mato que crescia livre por lá. A identificação parece bem simples, embora se possa perguntar: "O que esse arame farpado aqui tem a ver com Auschwitz?". Estava claro para mim que ali não era Auschwitz de seu "período de glória e grandiosidade", mas Auschwitz da primeira visita enevoada feita anos depois da guerra, que parecia ter afundado completamente na minha memória e que eu não havia mencionado até agora. A visita de um menino de catorze anos, para testemunhar no julgamento de criminosos de Auschwitz realizado em Cracóvia, em 1946. Enquanto estávamos lá, nos permitiram visitar Auschwitz, e chegamos também a Birkenau.

37.

A experiência primordial daquelas ruínas desoladas, daquele terrível contraste, de um lugar carregado de significado histórico, um evento em escala colossal, dramático, repleto de pessoas, morte, história; a consciência daquele significado tão carregado agora vestido de ruína, e o contraste entre isso e a sensação que na época se tinha de eventos colossais acontecendo eram aflitivos e no entanto pertinentes — aqui, aparentemente, está a causa fundamental do assombro que acometia o turista que caminhava pelo Monte do Templo e atravessava as camadas seladas pela passagem do tempo.

De fato, aquele lugar estava carregado como nenhum outro do desenrolar de um trauma histórico, da morte e do fim dos tempos, de tudo que saía dali ou fluía para lá, e andar por ali era avançar pelas ruínas mudas, pelo capim que crescia livre, em meio ao arame farpado enferrujado que liga este lugar àquele. Não fosse pelo arame farpado, talvez nunca tivesse surgido a sensação espantosa e inequívoca: *já estive neste lugar!*

38.

Quando compreendi isso, voltei a Auschwitz. Não de imediato. Deixei o Monte do Templo, fisicamente, mas em minha consciência voltei a Auschwitz. Deve ter sido então que cheguei à decisão de voltar para lá e andar por aquela desolação, em meio à polaridade na qual sempre sinto ali, naturalmente, a presença pulsante da vida e da morte, o maquinário daquela história medonha que não acontece mais. É isso que sempre me atrai de volta àquela medonha lei imutável que se apodera de mim e não me larga e cuja essência, para mim, permanece lá. Foi então, ao que parece, que decidi, talvez sem me dar conta, retornar. Esse é o pano de fundo do que aconteceu dez anos depois, na viagem à Polônia, em 1978, quando participei de uma conferência científica cujo final foi a jornada de retorno à Metrópole da Morte — como talvez ela seja ainda hoje. Acho que não voltarei de novo àquele lugar, mas essa visita, que fiz sozinho, provavelmente teve sua gênese naquela minha espantosa experiência no desolado e malcuidado Monte do Templo, defronte à Porta da Misericórdia selada.[2]

O CÉU AZUL DE VERÃO

Outro salto no tempo, até uma paisagem diferente de cores diferentes. A cor é azul: azul limpo de céu de verão. Aviõezinhos de brinquedo prateados levando saudações de mundos distantes atravessam lentamente o espaço azul-celeste enquanto à volta deles explodem o que parecem ser bolhas brancas. Os aviões passam, e o céu continua azul e lindo, e lá longe, lá longe naquele dia claro de verão, montes azuis distantes como se não fossem deste mundo fazem sentir sua presença. Esse era Auschwitz daquele menino de onze anos. E quando o menino, que agora faz este registro, se pergunta — e ele se pergunta muitas vezes — qual a experiência mais bonita nas paisagens de sua infância, para onde você escapa em busca da beleza e da inocência das paisagens de sua infância, a resposta é: para aquele céu azul e para os aviões prateados, para aqueles brinquedos, e para a quietude e tranquilidade que pareciam existir em toda a volta; porque absorvi tão somente aquela beleza e aquelas cores, e assim elas permaneceram impressas na minha memória.

Esse contraste é um elemento indissociável das filas negras que são engolidas pelos crematórios, das cercas de arame farpado esticadas em toda a volta pelos pilares de concreto. Mas naquela experiência isso tudo parecia não existir, apenas como pano de fundo, e não conscientemente.

A consciência internalizou e submergiu a sensação das fortes cores de verão daquele espaço imenso; do céu azul-celeste, dos aviões — e do menino que os fitava e esquecia tudo à sua volta. Quase não há retorno àquela Metrópole, com suas cores pungentes, com a sensação da lei imutável que envolve todas as suas criaturas em limites de tempo estipulado e de morte; isto é, quase não existe a sensação de retornar àquele mundo, sem a sensação de retornar àquelas cores esplêndidas, à experiência tranquila, mági-

100

39.

ca e magnetizante daquele céu azul do verão de 1944 em Auschwitz-Birkenau.

Posso procurar por um grande número de experiências semelhantes, talvez anteriores a Auschwitz, anteriores à expulsão, do começo da minha infância: paisagens da infância na Boêmia, verdes e vivas — mas são todas esmaecidas. O mesmo se dá com paisagens posteriores em Israel, paisagens em cores feéricas sob uma luminosidade fulgurante em amarelo e azul — o azul do céu desta terra é muitas vezes mais vivo do que qualquer azul que se possa ver em outras partes, ou que eu já tenha visto em outras partes. Mas ainda assim, um é esmaecido e indistinto, o outro forte e berrante e às vezes desarmônico. O único azul harmônico, dominando todas as outras cores, impresso em minha memória como a cor do verão, a cor da tranquilidade, a cor do esquecimento — esquecimento momentâneo —, é aquela cor de um verão polonês em 1944. E para aquele menino que é parte daquele verão, tudo isso há de permanecer por todos os tempos como uma pedra de toque de beleza, sem paralelos em todas as paisagens que coligi em mim e que provavelmente serei capaz de coligir — como direi em uma frase — para todo o sempre. Não sei quanto tempo me resta desse "para todo o sempre", mas não tenho dúvida alguma de que para cá sempre retornarei. Esse retorno, mesmo se dissociado daquele pungente retorno do qual não há como escapar, é ele próprio um retorno do qual não há como escapar. A cor é a cor da infância, uma cor de inocência, uma cor de beleza. E essa também é uma lei imutável da qual não há como escapar. Não há como escapar da beleza, da sensação da beleza no auge e no meio da Grande Morte que governa a todos.

9. Rios que não podem ser atravessados e a "Porta da Lei"

Essas imagens de céu azul e filas de pessoas de preto sendo engolidas nos confins dos crematórios e desaparecendo em nuvens de fumaça, os corredores de luzes que conduzem à Metrópole da Morte, os termos "Metrópole da Morte" e "Terra da Morte", isso tudo que me é tão próximo; paisagens para onde escapo como quem escapa para as paisagens da infância, sentindo nelas uma sensação de liberdade, protegido por aquela lei imutável do domínio da morte que tudo permeia, pela beleza de paisagens de verão — todas essas coisas são parte de uma mitologia particular da qual sou consciente, de uma mitologia que forjei, que criei, com a qual me entretenho e na qual — nem direi me atormento, não sou atormentado — encontro escape quando outras coisas me assombram, e mesmo quando não me assombram. Essa Terra existe e está sempre disponível para mim. Mas é um mito, tem sua própria linguagem mitológica, e o que estou fazendo aqui, na verdade, contraria todas as minhas decisões, todos os meus sentimentos, toda a consciência das minhas limitações, ou limitações primordiais que me vêm à mente: limitações de linguagem, principalmente dúvidas sobre minha habilidade de mesclar essas paisagens mitológicas com paisagens passíveis de serem transmitidas. Essas dúvidas, ou a relutância em envolver essas paisagens em qualquer outro aspecto do meu cotidiano, e também o ato de distanciar-me do mundo ou fazer um esforço intelectual para entendê-lo e explicá-lo, coisa que faço o melhor que posso quase diariamente como professor em uma de nossas respeitadas instituições acadêmicas, que tem como um de seus objetivos dar interpretação e significado à existência humana no passado e no passado recente — minha área de especialização —, todas essas coisas, juntamente com essa separação, essa relutância em misturar uma esfera com outra, brotaram de uma inabalável determinação e foram a luz que me guiou.

Portanto, até agora somente as páginas de meu diário partilharam comigo as viagens àquela Terra mítica, àquela Metrópole. Não vou dizer que não tentei partilhar — não ativamente, mas passivamente, como qualquer indivíduo pensante em qualquer parte —, não vou dizer que evitei totalmente tentar partilhar das tentativas de outros para evocar essas paisagens, ou essas aparentes paisagens, de outros que consideravam isso uma missão e fizeram coisas significativas e transmitiram a mensagem. Aqui e ali, tentei, e com isso quero dizer — melhor dizer o contrário — na verdade eu me abstive, e continuo a me abster até hoje, de ler qualquer obra literária ou artística que descreva ou tente descrever Auschwitz, os campos de concentração, esse capítulo da "Solução Final" ou a história dos judeus no seu desenrolar, ou seja, o fim violento. Da mesma maneira, me abstive de visitar exposições ou museus, e por mais tempo que tenha passado em diversos arquivos e bibliotecas, entre eles os arquivos do Yad Vashem e a biblioteca do Yad Vashem, não visitei, e provavelmente não visitarei — não serei capaz de visitar — nem a exposição nem esse grandioso memorial do Yad Vashem ou outras exposições e memoriais afins. Não assisti ao filme *Shoah*, que tantos tornaram sua propriedade intelectual ou vivencial. A razão de eu evitar ver o filme, postergar sempre e por fim não o assistir, não está clara para mim. Também não vejo outros filmes sobre esses assuntos e nunca me dei uma explicação do porquê. Certamente não é porque, como costuma ser a interpretação usual, isso me traria sofrimento ou me abalaria. Obviamente não. Mas a atitude de distanciamento, que desenvolvi ao lidar com a história desse período, talvez me obrigasse a evitar um envolvimento excessivo com as coisas relacionadas àquela violenta etapa final.

Foi assim que pensei por muito tempo, embora sem jamais me dar de fato uma explicação convincente. Mas *há* uma explicação convincente. Cheguei a ela há cerca de três anos, e creio que ela ainda existe em alguma das anotações dos diários, talvez o de 1989. Mas mesmo que não esteja registrada lá, ou que seja formulada de modo diferente daquele como a vejo agora, quero concluir este capítulo com uma tentativa de esclarecer, de interpretar as coisas conforme elas vieram a mim em um momento de iluminação — a luz sob a qual vivo nessas míticas paisagens de minha mitologia particular, essas paisagens familiares de Auschwitz, da Terra da Morte, da Metrópole e todo o resto.

Começou com o seguinte episódio: um colega da universidade convidou-me para assistir a uma conferência sobre o tema Holocausto na literatura. As regras de cortesia me proibiram de recusar o convite, e eu ouvi o que ouvi. A sensação de estranhamento foi devastadora. Existem duas linguagens distintas: uma que não entendo, e outra através da qual vivo aquele período. Mesmo assim, fui em frente e li um dos livros mencionados na conferência. Afinal de contas, alguns dos livros tinham sido escritos por pessoas que conheço — autores excelentes, citados com frequência — e existem autores excelentes em outras partes que obviamente confrontaram o assunto e merecem ser alvo de estudo e análise. Peguei um desses livros e comecei a ler — sobre Auschwitz: uma descrição de uma situação que o autor vivenciou. Para meu espanto, consternado, tudo o que senti, tudo o que li e vi naquela evocação, naquelas descrições, foi um estranhamento absoluto. Entre a descrição de um mundo, a descrição de paisagens, a descrição de uma realidade que era dissociada das imagens, das cenas, das paisagens, das experiências, da presença do passado que é perpetuamente parte do meu presente, há rios que não podem ser atravessados. De modo nenhum consigo relacionar e integrar essas coisas àquelas paisagens.

Faço aqui uma pergunta ingênua: afinal de contas, para o mundo todo, ou para todo o público leitor de todas as partes, aquele livro e muitos outros como ele, e muitas outras obras do cinema, do teatro, e das artes visuais, oferecem um modo de entender e vivenciar Auschwitz, seu universo, os guetos, a etapa final, aquela realidade. E todo mundo lê esses livros — as vendas são na casa dos milhares —, portanto obviamente eles falam em uma linguagem uniforme a essa miríade de leitores. *Mas eu* não consigo encontrar neles o que procuram transmitir! É um mundo completamente diferente! A única reação que me sinto capaz de expressar é o estranhamento; de autêntico, apenas a autenticidade do estranhamento. Portanto, pergunto: *em que sou diferente? Alguma coisa está errada comigo!*

E então, como é muito comum, como quase sempre faço em períodos de aflição, eu me refugio em Kafka, seja nos diários, seja em suas outras obras. Naquela ocasião, novamente abri na conclusão — sempre abro ao acaso —, abri na conclusão do esplêndido conto do homem diante da porta da lei. O homem que está diante da porta da lei faz a mesma pergunta — e é uma das últimas perguntas que ele faz, instigado por sua insaciável curiosidade, enquanto o guarda graceja. Ele pergunta: "Diga-me, afinal esta é a porta da lei, e a porta da lei é aberta a todos?". Ao que o guarda responde: "Sim, é isso mesmo". O homem então diz (se é que me lembro corretamente do texto): "Mas durante todos os anos em que tenho estado aqui, ninguém entrou por essa porta". O guarda assente: "Isso mesmo". O homem pede que ele explique esse fato intrigante, e o guarda lhe faz esse derradeiro obséquio, dizendo: "Esta porta está aberta só para você, ela existe só para você, e agora vou fechá-la".

Do mesmo modo, tudo o que aqui registrei — todas estas paisagens, toda esta mitologia particular, esta Metrópole, Auschwitz —, este Auschwitz registrado aqui, que aqui fala a partir das minhas palavras, é a única entrada e saída — uma saída, talvez, ou um desfecho —, a única que existe só para mim. Suponho que isso significa que não posso entrar naquele lugar de nenhum outro modo, por nenhuma outra porta. Será que outros conseguirão entrar pela porta que abri aqui, que permanece aberta para mim? É possível que sim, pois essa porta que Kafka abriu, que se destinava a uma única pessoa, a K., Josef K., na verdade está aberta a quase todos. Mas para ele havia apenas uma porta que dava acesso à sua mitologia particular.

Não sei se essa analogia vale aqui, mas esse é o único significado que consigo encontrar para o enigma da ocupação do meu presente com aquele passado, que vivencio constantemente, no qual crio constantemente, para o qual escapo constantemente, onde crio paisagens mescladas com cenas da realidade e da época da minha infância e do observador, do menino crescido que olha perplexo para tudo isso, e que, antes que ela se feche — antes que essa porta se feche —, faz essas perguntas e, pelo menos para essa questão desnorteante, parece ter finalmente encontrado uma resposta. Não é muito, algo secundário, na verdade, mas é impossível não comunicar essas coisas, não tentar decifrá-las, não acreditar nelas, pois sem essa crença toda a memória das minhas paisagens da infância, as paisagens nas quais sempre encontro liberdade — minha penúltima liberdade — se perderiam.

10. Em busca da história e da memória

Tudo isso está ligado à pergunta sobre por que eu era incapaz de ver ou ler obras sobre o Holocausto. No entanto, isso era mesmo verdade, ou só parecia ser? Minha confrontação direta com o mundo da Metrópole, com a lei imutável da Grande Morte, aconteceu também por outra via, que de vários pontos de vista pode ser considerada a via central do trabalho da minha vida: a pesquisa científica da história. De fato, já ressaltei a dualidade paradoxal do meu estudo daquele período, que evita totalmente, sistematicamente, integrar qualquer detalhe de envolvimento biográfico na arena dos acontecimentos daquela história; de fato, no próprio cerne daqueles eventos históricos.

Ressaltei a dualidade, o distanciamento metodológico e todo o resto. Contudo, a verdade, como ela me parece agora, é que apenas tentei ignorar a barreira daquela porta, entrar por ela com toda a força do meu ser, disfarçado, ou metamorfoseado, talvez, num Cavalo de Troia, disposto, finalmente, a arrombar a porta e despedaçar a muralha invisível da cidade proibida para mim, fora de cujo domínio eu tinha decretado que permaneceria. Pois esses escritos rigorosos, "puramente científicos", são carregados de bagagens e tensões "metadimensionais" tremendas, que de certa forma transcendem o tempo.

Aqui, neste seguro e bem pavimentado caminho da disciplina científica, acreditei que seria capaz de infundir uma percepção da intensidade da experiência daqueles eventos históricos, uma percepção de sua transdimensionalidade, uma percepção de sua vasta impessoalidade, que eu vivenciava pelo prisma daquele presente — sua memória e sua imaginação, que me abalavam e me davam medo, talvez subconsciente, de confrontar diretamente.

O fato é que em todas as minhas pesquisas nunca cheguei a lidar com a etapa e a dimensão da morte violenta, do assassinato, da humilhação e da tortura daqueles seres humanos. Abandonei essa dimensão, ou a contornei — talvez como contornava os montes de esqueletos defronte aos alojamentos em Auschwitz no caminho para o barracão dos jovens — e fui estudar o pano de fundo geral da ideologia e da política que fundamentaram aquilo tudo, as implicações históricas, a dinâmica da sociedade e do governo, e a sociedade e liderança daqueles que foram objeto da "Solução Final" — os judeus — no período que precedeu aquela etapa do fim violento e máximo. Eu esperava, aparentemente, que desse modo seria capaz de lidar com o senso de "missão" de portador da mensagem e do conhecimento que ardiam dentro de mim, e se não tivesse encontrado aquela "passagem segura" não teria podido suportar aquelas tensões e angústias, quando me quedava impotente, encolhendo-me com a vaga consciência de que eu não tinha saída, de que nunca me arriscaria a seguir o caminho de tentar revelar a mensagem e tudo o que ela contém: que o mundo, uma vez tendo existido a Metrópole e a lei imutável da Grande Morte, já não pode e nunca mais poderá livrar-se do fato de que elas foram parte de sua existência.

Era essa a minha Porta da Lei? Da lei do mundo? Uma das duas grandes lâminas de ferro daquela porta, uma porta que fica aberta dia e noite? E agora, como disse o guarda ao homem: "Eu vou fechá-la". No entanto, me parece que a história também conta que naqueles momentos o homem teve a impressão de que, além daquela porta, brilhou, ou bruxuleou, uma nova luz, uma luz como ele nunca tinha visto na vida.

40.

TRÊS CAPÍTULOS DOS DIÁRIOS

11. Sonho: Praga dos judeus e a Grande Morte

Anotação de 28 de julho de 2003

Uma rua deserta em Praga, no antigo Bairro Judeu. Estou sentado em um carro de cor esmaecida, bloqueado em um estacionamento apinhado. Mas "apinhado", aqui, significa três ou quatro carros ordinários, que se misturam com a desolação em volta. O tempo — o tempo desolador do domínio da imutável Grande Morte. De enviados da prefeitura judaica recebo — relutantemente — uma mensagem anunciando um veredicto: devo ir à prefeitura judaica, o prédio com a torre barroca e os relógios com numerais hebraicos e romanos, situado perto dali, na mesma rua, fechado e trancado e parecendo deserto a quem olha de fora.

No momento desse veredicto — por que uso esse termo? Foi assim que sonhei com ele, e sua origem linguística na minha cabeça não importa agora —, no momento em que recebi essa ordem me pus a caminho, um caminho que não terminará antes do fim do sonho e não antes de hoje, antes desta hora e de todas as horas que se seguirem a esta.

Mas como posso me pôr a caminho se quase encostado atrás de mim há um veículo empoeirado como o meu, que parece estar

41.

aqui há muito tempo, se na minha frente há um caminhão preto acinzentado — uma cor indistinta —, não especialmente grande, mas bloqueando minha saída?

    Alguns pedestres estão na rua vazia, sem tráfego. É um dia sombrio e cortante de inverno — não neva, mas o terror do inverno permeia tudo. Se houver gente nesta cidade, nesta rua, está trancada em casa. Aqui e ali perpassam algumas pessoas, indiferentes, reservadas, como sombras dos mortos, apressadas em seus afazeres.

A imagem que então me surgiu na mente, baseada nas fotografias e nos documentos daquele período da história dos judeus de Praga — durante as deportações em massa e depois — foi a daqueles poucos que ficaram e foram postos para trabalhar catalogando, registrando e arquivando "os tesouros do glorioso passado judaico", um passado que estava enregelado e metido no frigorífico. Emudecido. E eles, também, os poucos que se ocupavam disso, não falavam comigo e não respondiam às minhas perguntas — "Qual é o caminho para..." —, só cuidavam afobados de suas tarefas. Como as pessoas daquele regime, que conhecem sua natureza e conhecem o lugar que têm nele.[1] O que exatamente eu tentava perguntar ali, naquela rua deserta do Bairro Judeu de Praga daquela época, quando recebi a ordem e ainda não tinha saído do estacionamento bloqueado? Eu tentava perguntar qual era o caminho, como se fazia para chegar à prefeitura judaica, apesar de ela estar a apenas algumas dezenas de metros dali, na mesma rua, e de eu saber exatamente como ela era. Apesar disso, eu tinha de perguntar como chegar lá, porque embora a ordem, ou o "veredicto", fosse inequívoca, chegar lá não era simples nem inequívoco.

Depois de algum tempo — agora me é difícil estimar exatamente quanto — o motorista do caminhão apareceu, e eu tentei debilmente reclamar do atraso que ele me causara, mas ele não deu atenção, e se, um tanto agastado, resmungou alguma coisa, foi mais para si mesmo do que em resposta aos meus comentários. O caminhão começou a funcionar e partiu, e pude sair do estacionamento. Saí — mas mais do que isso não me lembro, se entrei no carro, aonde fui. O que me recordo bem é de que logo em seguida eu me vi andando naquela mesma rua e querendo chegar ao destino mencionado na ordem que me haviam dado.

Eu sabia exatamente o que estava acontecendo lá dentro, e para que finalidade eu tinha de ir àquele prédio soturno. Era óbvio para mim que o que estava se passando lá dentro era o que se passava na estrutura que abrigava as câmaras de gás em Birkenau, para onde me ordenaram ir, e aonde fui e escapei, e fui mandado de volta e assim por diante. E tudo acontece calmamente, sem que uma palavra seja proferida por aqueles que trabalham ali dentro como sombras escuras, à bruxuleante luz do fogo das fornalhas.

Já não consigo lembrar se voltei e perguntei a transeuntes na rua — se havia algum, e me parece que havia e que eles permaneciam indiferentes às minhas perguntas, como antes —, mas quando cheguei à prefeitura, a pesada porta de ferro do prédio (na realidade elas são pesadas portas de madeira) estava trancada. Bati nessa porta de ferro, que é pintada de cinza-claro, desbotado talvez, mas não veio resposta lá de dentro.

Enquanto estava diante daquela porta trancada, esperando que se abrisse — porque, afinal de contas, eu não podia deixar de entrar, uma vez que o estacionamento tinha sido desbloqueado e eu supostamente era capaz de me deslocar por conta própria —, o quadro mudou completamente. O sombrio dia de inverno dissolveu-se na luz de um dia claro de verão, as ruas se encheram de gente, e eu me vi andando em meio às muitas pessoas sentadas nos cafés e restaurantes da cidade, e continuei a andar até chegar ao magnífico bulevar Příkopy, que fervilhava de pessoas, mas nenhuma reparou em mim e eu também nada tinha a perguntar a nenhuma delas. Estava claro para todo mundo, e também para mim, pela luz e pela atmosfera da rua, que a guerra tinha acabado e que aquele regime desaparecera para sempre. Mas estava ainda mais claro para mim que aquilo não tinha nada a ver comigo e com a minha situação, porque eu ainda estava — ou estava de novo — a caminho de lá, da prefeitura, e tinha de chegar de qualquer jeito.

42.

    Então vejo, sentada à mesa em um dos cafés do bulevar, Livia Rothkirchen, velha conhecida do meu pai e minha, ex-funcionária do Yad Vashem e habitante das paisagens da Metrópole da Morte daquela época, sorrindo radiante para mim e me chamando com alegria, "*Pane Kulka, Pane Kulka, vždyť to už je všechno pryč!*" — "Sr. Kulka, sr. Kulka, tudo isso já passou e desapareceu, viu?". E eu me admiro e me espanto, ou talvez não esteja espantado, mas um tanto intrigado com o que isso tem a ver com o fato de eu estar ainda na mesma rua e ter de chegar ao mesmo lugar, e que o que está acontecendo lá dentro esteja acontecendo de acordo com aquele regime. E também me está claro que no fim essa porta de ferro terá de ser aberta para mim. Só um detalhe, talvez não muito significativo, mas incômodo e persistente, permanece inexoravelmente misterioso: a implementação do veredicto que me deram destina-me — depois que eu entrar — àqueles fornos ou ao instrumento tradicional de enforcamento, localizado no terreno da prefeitura mas do lado de fora das paredes do prédio propriamente dito, em uma espécie de varanda ou pátio elevado, no telhado da extensão do piso térreo, do lado oposto ao da sinagoga de Altneuschul?

Reconstruí assim a ocorrência desse sonho — fragmentos sobre fragmentos, em grandes partes, uma após a outra, mas sempre fundamentado na totalidade e em uma certeza clara; e o tempo, ou a mudança do tempo, não possuía nem poderia possuir nenhum significado. O que mudou nele foi apenas o cenário, que transitou entre a Metrópole da Morte — Auschwitz — e a Metrópole da minha terra natal — Praga.

12. Dr. Mengele congelado no tempo

Anotação de 22 de janeiro de 2001

Tive o sonho na noite retrasada, mas ontem, desde cedo e o dia todo, precisei terminar de escrever um estudo biográfico sobre meu pai, com relação a um projeto de pôr um busto dele em um espaço público em Praga. Agora, de madrugada, retorno ao sonho como ele surgiu e foi preservado em minha memória.

Pois bem, naquela noite, naquele sonho, eu estava de novo em Auschwitz, em um dos crematórios. Para ser mais preciso, nas ruínas. Entrei no sonho através de suas ruínas. Eram as ruínas do crematório onde eu não entrara na minha jornada de retorno, quando permaneci diante delas e observei os restos enegrecidos onde brotavam moitas e ervas daninhas.

Não sei como entrei, nem mesmo como era possível entrar, mas entrei e estava lá dentro. Vi ali uma longa câmara, uma estrutura de concreto que não tinha sido destruída, devendo sua condição arruinada apenas a anos de abandono. A estrutura ficava toda na superfície e era iluminada pela luz do dia. Havia também uma mesa muito comprida e bancos de tábuas rústicas. Sentava-se à mesa um grupo de visitantes que estava fazendo turismo

43.

em Auschwitz, todos israelenses, não jovens, mas provavelmente nenhum deles, assim me pareceu, tinha vivido em Auschwitz naqueles dias, em seu período de "glória".

Todos ouviam atentamente a explicação do guia local sobre a estrutura e suas funções e sobre o campo. E o guia, o cicerone em nome da atual diretoria polonesa, era o dr. Mengele!

Todos ouviam sem comentários suas explicações informativas, mas estava claro para todo mundo, e também para mim, que era ele, em sua presente função de cicerone e guia do local.

Externamente ele não lembrava a pessoa que conheci naquele tempo ou em fotografias publicadas anos depois na imprensa de alguma parte da América do Sul. Este era um sujeito de uns cinquenta ou sessenta anos, cabelos grisalhos, rosto bem redondo e altura mediana; mas, como mencionei, estava claro para mim e para todos os outros que era ele. O dr. Mengele.

Falei com ele. Não estranhei muito seu emprego atual, mas o que estranhei, e lhe perguntei explicitamente, foi: "Onde esteve

44.

45.

durante todos esses anos desde aquele tempo?". Sua resposta, que lhe pareceu a mais natural e óbvia do mundo, foi: "Como assim, onde estive? Estive aqui. Estive aqui o tempo todo". Isto é, nesta construção, em meio a estas ruínas, nesta construção singular sobre cujas funções não pode restar dúvidas, muito embora sua forma não ateste isso. Mas claramente ele tinha estado ali todo o tempo. E era impossível duvidar, ou não parecia haver razão nem causa para isso. Talvez como uma daquelas aparições atemporais que habitam misteriosas construções antigas ou suas ruínas. Mas isso eu fui concluir só depois de alguma reflexão; talvez seja também a base daquela sensação "óbvia", embora quando lhe falei ele fosse uma figura humana normal em todos os aspectos.

Na mesa havia um telefone, parecido com os telefones cinzentos achatados das salas dos professores na universidade. Lembro-me de que liguei para meu falecido pai para contar que Mengele estava lá e dizer que ele poderia entrevistá-lo. E também me lembro de que meu pai chegou, embora na verdade eu não saiba se o entrevistou. No entanto, lembro muito distintamente que um dos israelenses que estava sentado àquela mesa comprida ouvindo as explicações, alguém que claramente não tinha estado em um campo de concentração, virou-se indignado para

mim e protestou, estarrecido: "Como se atreve a falar com ele?".
Era evidente para nós dois que "ele" queria dizer o dr. Mengele,
não em sua presente função de guia e cicerone, mas na sua iden-
tidade de antes.

Eu, contudo, nada vi de estranho ou irracional nisso, do meu
ponto de vista. Também já não me lembro se ao menos tentei
responder ou explicar.

Isso é o que lembro, e me parece que lembro a essência, ou
tudo.

Não acrescento nenhuma tentativa de interpretação, mesmo
se houver ampla margem para isso.

13. O pesar de Deus

Anotações de 17 de agosto de 2002
e 15 de novembro de 2002

17/08/2002

Um sonho sobre vivenciar a existência física ou a presença física de Deus — no crematório; ou um sonho sobre a existência de Deus e a questão da existência de Deus. Não era uma questão, absolutamente, mas uma resposta — no sonho, em Auschwitz, no crematório —, um sonho com um cenário recorrente: entrei nele através das ruínas do crematório nº II, do lado direito dos trilhos do trem, o lado de frente para o "nosso campo". Anotei-o depois em pedaços de papel, hoje, o dia seguinte ao da noite do sonho: manhã de Shabat, mês de Av (não sei a data do mês hebraico), dia 17 de agosto no calendário gentio.

15/11/2002[1]

Sexta-feira à tarde, campus de Givat Ram. Esta beleza, esta tranquilidade, tudo deserto lá fora, o céu ainda azul, mas não imaculado. Os prédios mudos e as árvores novas, plantadas depois da grande nevasca — nada neles se move ou se agita. Silêncio e expectativa calma, tensa talvez, porém sem nenhum sinal apa-

46.

rente, impressos em tudo. Em cada detalhe ao redor, e no que existe de horizonte a horizonte. Expectativa de quê? De ventos tempestuosos de inverno e clarões de relâmpago? De um desastre iminente. Da Grande Morte em sua transmigração para este lugar, para esta terra e esta cidade — a "Cidade Eterna", a "Terra Prometida" — a ressurreição do domínio da morte — aqui?

Não há arco-íris nas nuvens.[2] No Midrash está escrito: "Eu não disse pelo fogo".[3] A Grande Morte envolvia — antes do fogo — a exalação de gás. "O que foi, será", disse Coélet, um rei em Jerusalém[4] —a inalação de gás, "guerra química e biológica" *haba aleinu letova** — "não deveríamos receber também os males?"[5] —

---

* A origem da frase hebraica *haba aleinu letova* remonta à linguagem litúrgica judaica. Significa "que seja para o nosso bem" ou "que seja uma bênção para nós". Nesse contexto pode expressar sarcasmo e resignação. [Nota da tradução inglesa.]

antecedendo o "grande fogo" e "não pelo fogo" da Grande Morte, mas pelo tremendo calor que tudo liquefaz, então uma "débil voz de quietude". Esse terrível silêncio e um mapa das ruas do grande Reino da Morte, negro, chamuscado, mudo — uma fotografia aérea das — das gigantescas pegadas da Grande Morte que lá permaneceram. Como uma fotografia aérea daquele tempo.[6] E "o que será" já foi — aqui? E as árvores novas e a quietude: serão elas apenas o reflexo de um passado remoto em estrelas remotas?

Reflito bastante sobre o sonho grotesco que tive há alguns meses, aqui em Jerusalém, sobre o "dr. Mengele e sua encarnação no tempo congelado",[7] como que dentro de uma bolha anacrônica em traje contemporâneo: um "guia para os que não sabem", contratado pelo Museu de Auschwitz para ciceronear os visitantes — alguns deles de Israel — nas ruínas do campo. Entrei então naquelas câmaras fantasmagóricas pelas ruínas do crematório nº . 11, do "outro" lado dos trilhos do trem, de onde não havia saída além dessa última parada.

"Como assim, onde estive? Estive aqui. Estive aqui o tempo todo." Essa construção industrial abandonada de um tempo passado continha ao longo de sua extensão um saguão adornado aqui e ali com teias de aranha, janelas tisnadas, havia muito tempo sem limpar, e mesas e bancos de madeira feitos de tábuas grosseiras (como em nossa serraria, com grandes superfícies nas quais as tábuas para secar ficavam empilhadas como pirâmides, porém sem a ponta de pedra dura que congela com o passar do tempo sob o céu vazio do deserto). Meu pai também estava lá: liguei para ele de um telefone que ficava em uma das mesas, e sem querer o tirei do Hades. Ele veio mas não me lembro de uma só palavra que ele disse lá, depois de chegar.

Sim, aquele sonho esquisito volta a me ocupar de quando em quando. Mas apenas como um prólogo, um corredor e um pano de fundo para outro sonho,[8] sua variação — não, sua transfiguração: um sonho sobre um pesar terrível, o "pesar de Deus", pois Ele esteve lá então.

Figuras humanas, como silhuetas cortadas de um teatro de sombras, oscilam silenciosamente à luz tremulante do fogo que arde nos fornos daquele crematório — não como um espetáculo anacrônico nos moldes do "sonho de Mengele", mas no Auschwitz em tempo real, em sua glória muda, contra o pano de fundo dos fornos crematórios que ardem no escuro.

47.

Eis o que escrevi nos pedaços de papel no dia seguinte ao sonho:

> E vi — o terrível pesar de Deus, que estava lá. O tempo todo. Em Sua imagem. De início eu O senti (apenas) como uma espécie de misteriosa radiação de dor, fluindo para mim do vazio escuro da parte não iluminada dos fornos crematórios. Uma radiação de dor insuportavelmente intensa, ao mesmo tempo aguda e surda. De-

pois Ele começou a assumir a forma de uma espécie de embrião enorme, encolhido de dor, em um negrume onde bruxuleava apenas um pouco da luz emitida pelo fogaréu trancado nos pesados fornos de ferro. Encolhido como alguma coisa, como alguém cujos braços grandes e corpo carnudo pairam no imenso afresco de Michelangelo no teto da Capela Sistina, só que na forma que Ele assumiu aqui Ele estava vivo, encolhido, dobrado de dor lancinante, como na postura contorcida do *Pensador* esculpido por Rodin. Uma figura na escala das criaturas Dele, na forma de um ser humano que veio e estava ali — também — como uma de Suas criaturas no reino dos exércitos de escravos presentes em toda a volta. E aqui também Ele veio e esteve no sonho, nessa medonha encarnação que surgiu (ou apareceu *deus ex machina*, *obscura*, *tremens*) em resposta à "pergunta que estava proibida de ser feita ali", mas que era feita e flutuava naquele ar escuro.

E de onde, naquele sonho, veio a pergunta que produziu a imagem Dele e a iluminou parcimoniosamente, ali, naqueles espaços lúgubres?

Daqui, possivelmente:

Aconteceu assim; e não em um sonho.

Meu pai costumava pesquisar e registrar — aqui em Israel, principalmente —, na luz implacável desta terra, as figuras espectrais que naquele tempo tinham escapado por um triz dos fornos crematórios. Uma das perguntas ou comentários que se repetiam nas conversas que ele teve com aquelas pessoas — uma variação das inúmeras exprobrações daqueles que, já estando lá, deceparam seu antigo universo de crença com uma faca afiada — era: "Não existe mesmo Deus?". E, "Se existe, onde é que Ele estava e como foi que permitiu acontecer o que aconteceu com esta geração?" e variações similares de verdade irrefutável e de seu uso, consciente ou não, em retrospectiva, ou na época "daquela verdade" e na época da "grande mentira" que se seguiu, e até o presente.

Essa pergunta era feita lá por quem estava no *Sonderkommando*, gente que indagou, falou e escreveu naquele tempo, e algumas de suas palavras enterradas no solo da morte sob seus pés continuam vivas.

Meu pai fez essa pergunta persistentemente — perguntou a eles e a outros de seus contemporâneos, aqui, nas entrevistas que gravou. Assim foi em uma de suas últimas visitas ao hospital de Bikur Holim, na esquina das ruas Strauss e Nevi'im, quando estava com ele porque o tinha levado até lá.

No quarto do hospital junto com ele estava um homem grandalhão, grande de corpo e grande na reverência que mostravam seus muitos seguidores e discípulos que iam visitar o rabino naquele leito. Para puxar conversa, meu pai, como era o jeito dele — sem reverência —, assediou com perguntas seu companheiro de quarto, o "grande rabino", que talvez tivesse a idade dele ou fosse um pouco mais novo. Eis a cena que me vem à mente, quando ele lhe perguntou alguma coisa nestas linhas: "Onde o senhor e seus seguidores estavam naquele tempo, o que faziam [aqui na Terra de Israel, pois o homem e seus seguidores pareciam provir do ultraortodoxo Me'ah She'arim],* o que perguntavam, se é que perguntavam, e como respondiam à questão "Onde estava Deus?".

Aquele rabino sofrido, mas que ainda projetava poder, autoridade e reverência, que as pessoas reverenciavam (mas não meu pai), replicou com imperturbável relutância. (Meu pai falou com ele em alemão, que ele talvez pensasse ser como o iídiche — encontrando, como sempre, um modo de entabular um diálogo em cada língua e em cada situação.) "Sim, estivemos aqui. Sim, naquele tempo. Mas essa pergunta", e ele também se dirigiu aos seus seguidores ali, "é proibido fazer." (Proibido enunciar em voz alta,

---

* Um dos mais antigos bairros de Jerusalém, habitado principalmente por judeus haredi. (N. T.)

pensei comigo; proibido ser feita então, ou agora e — aqui acrescento minha própria interpretação — "por toda a eternidade".) Com efeito, assim foi lá (no hospital), e estive presente.

Mas isso, afinal de contas, é como foi lá, também, na escuridão que pulsava através da luz do fogo, as figuras espectrais que por lá passaram e deixaram escritos que eu li, e meu pai também perguntou — e registrou — aos que emergiram daquele lugar para a implacável luz flamejante desta terra.

Eis o que ele me contou, em seu apartamento no bairro de Kiryat Yovel em Jerusalém, em seu escritório abarrotado de livros, com pastas contendo as transcrições das gravações que ele fez e incontáveis fitas que ele gravou, tudo isso hoje guardado nos arquivos que ficam no subsolo do Monte da Recordação, no Yad Vashem:

Os *Sonderkommandos* tinham um Kapo judeu, ou talvez não um Kapo, mas um homem grandalhão que ostentava a autoridade de um estudioso da Torá, que todos viam como um mestre, um líder e uma rocha de segurança. [Imaginei-o como uma figura escura, corpulenta, uma "rocha de segurança", quase sempre silenciosa e taciturna, mas que respondia às perguntas de seus veneradores e companheiros na escuridão e na luz do fogo dos fornos dos crematórios.]

Eles também lhe faziam essas perguntas, então, no tempo real da Metrópole da Morte em sua "glória" — "Onde está Deus?" — e as outras variações dessa pergunta que era feita ali, naquele lugar da verdade.

E o rabino — o Kapo — o professor — a autoridade, para eles a rocha de segurança em meio à escuridão daquele fogo, respondia — assim responderam ao meu pai: "É proibido fazer essa pergunta, essas perguntas, ali e por toda a eternidade".

Aqui volto ao último sonho, que anotei em pedaços de papel:

De fato, era proibido perguntar, ali (e por toda a eternidade). Pois Ele esteve, esteve presente, ali, também.

Conjurei mais naquele sonho pré-amanhecer, ou respondi às perguntas e reflexões que já fazia quando acordado; invoquei, materializei e por fim gravei as imagens daquele sonho em minha memória viva:

Não fora daquele modo, afinal, com o terrível sofrimento de Jó, quando Ele (louvado seja) o pôs nas mãos de Seu sinistro servo fiel? Pois foi ele quem disse e fez, e o Reino do Mal surgiu, tão poderoso quanto "a lei imutável da Grande Morte" (em minhas palavras); "margrave de Gomorra", escreveu Gerschon, e Dan Pagis escreveu sobre esse texto (de Gerschon) ao saber por mim da morte de Gerschon, impotente diante de suas vãs tentativas de "traduzir" poemas dele para a língua da Escritura.[9]

Ambos escreveram sobre Caim e sobre Abel,[10] enquanto eu, a meu modo, pesquiso os costumes e o mundo e a "autoconsciência" do "Grande Caim".

Assim agiu e governou o emissário daquele "que falou e criou o mundo", e Ele falou e permitiu tudo isso — tudo isso, inclusive — no mundo dos criados à Sua imagem, e Ele, pesaroso, esteve com eles, e sentiu a dor de Jó quando "esteve na mão" de Seu sinistro grande servo. Pois o que Ele falou e permitiu que acontecesse — a "lei imutável da Grande Morte e seu domínio" como aconteceu então, sobre a qual cantamos naquela Metrópole da Morte, à qual retornei, e novamente retorno, em sonho e em devaneio, em infinitas variações — existiu de fato e não foi apenas uma parábola.[11]

Nessa lei imutável que Ele pôs em movimento como o "motivador não motivado"; com essa lei imutável que, como todas as coisas, existe porque Ele falou, Suas mãos ficaram atadas quando disse ao Seu sinistro "servo fiel", em todas as suas encarnações, em todas as gerações, como está escrito: "Ele está em teu poder, mas poupa-lhe a vida". "E o Satã saiu da presença de Iahweh."[12]

48.

E eu, eu sou parte dos vestígios dos átomos do eterno Jó, um daqueles cuja vida não foi tirada? (Assim na versão que entalhei na memória — mas é inegavelmente verdade.) E o mesmo vale para aquele rabino grandalhão e carrancudo que respondeu com tanta relutância ao meu pai no hospital, pois também ele era uma das almas, remanescente daqueles cuja vida não foi tirada, mas preservada por resolução da Lei do Grande Decisor que falou e assim foi. O mundo assim foi. E Suas criações. E o grande Caim, também, que Ele criou e em cuja mão deu Abel por todas as gerações. Estimado Dan Pagis: está ouvindo isso, aqui, no Hades da superfície?

De tudo isso, o que foi o sonho, o que foram minhas sombrias reflexões? Mas o que sonhei só posso tornar a vivenciar na memória: como a memória das encarnações da lei imutável da Grande Morte — o margrave da Metrópole da Morte.

Lá eu O vi com meus sentidos. Ele, que falou e assim foi o mundo, e lá estiveram também ele e seu domínio, e lá esteve Caim, e lá esteve o insuportável pesar que Ele em sua própria figura sofreu e se encolheu e cuja radiância naquela escuridão eu também vi, naquele sonho, no tempo real que foi então, e no meu tempo presente e no Dele, nos domínios da Metrópole da Morte.

São quase sete, o Shabat já está começando e tenho de ir dar início ao Shabat com os filhos dos filhos e filhas de Jó, o Justo.

E Caim ronda por toda parte. A Grande Morte? Aqui, logo, a hora chega novamente — de seu domínio, em sua encarnação aqui e agora… "Falei, mas eu não disse com fogo e não com Abach" [o termo que designa *Atomic Biological Chemical Warfare* (guerra química biológica atômica)]… E o arco-íris nas nuvens — nem ele está visível na escuridão da véspera do Shabat, em um dia de veranico no outono.

Apêndice

Gueto em um campo de extermínio

História social dos judeus no período do Holocausto e seus limites finais[1]

I

Este artigo trata de um caso único, que, além de sua importância como tema em si, nos dá oportunidades de examinar alguns problemas fundamentais da história dos judeus no período do Holocausto, que dizem respeito a uma situação praticamente incomparável de existência humana e social in extremis. Apresento a seguir um resumo dos fatos que se destacaram na história do "campo das famílias" em Auschwitz. O campo foi estabelecido em setembro de 1943 com a chegada de 5 mil judeus deportados de Theresienstadt. Ao contrário dos procedimentos habituais em Auschwitz, eles não passaram pelo processo de seleção seguido pelo extermínio dos que eram declarados "inaptos para o trabalho"; mandaram-nos para um campo separado em Auschwitz II-Birkenau, onde — novamente em contraste com a prática rotineira nos outros campos de Auschwitz — os homens, as mulheres e as crianças puderam ficar em um único campo, e se distinguiam do resto dos prisioneiros por suas roupas e pelo fato de não terem a cabeça raspada. Com exceção do posto de "Mais Velho do Campo" (*Lagerälteste*), ocupado por um criminoso alemão, prisioneiro veterano de Auschwitz, a administração interna do campo era deixada nas mãos dos judeus. Apesar disso, as penosas condições de vida no campo engendravam uma taxa extremamente elevada de "mortes naturais" (mais de mil das 5 mil pessoas trazidas no primeiro transporte sucumbiram nos primeiros seis meses). Três meses depois, em dezembro de 1943, outro transporte chegou de Theresienstadt com mais 5 mil judeus, que foram postos no mesmo campo sob as mesmas condições.

Tanto os judeus do campo das famílias como os prisioneiros dos outros campos de Auschwitz ignoravam a razão da situação especial desses deportados, mas todos supunham que, fosse qual fosse o motivo, eles estavam isentos do suplício imposto a todos os outros judeus deportados para Auschwitz. Mas em 7 de março de 1944, seis meses depois da chegada do primeiro transporte, todos os que tinham vindo para o campo em setembro de 1943 foram exterminados nas câmaras de gás em uma única noite, sem passar primeiro pelo processo de seleção aplicado aos prisioneiros dos outros campos de Auschwitz. Alguns dias antes da execução, eles receberam ordem de enviar cartões-postais para o gueto de Theresienstadt e para conhecidos que vivessem em territórios do Terceiro Reich e em países neutros. Esses cartões-postais tinham a data de 25 de março, ou seja, mais de duas semanas depois da data em que os integrantes do primeiro transporte foram assassinados. Nesse meio-tempo, os que haviam chegado no segundo transporte continuaram a conservar suas condições especiais, e em maio juntaram-se a eles mais duas levas de 5 mil judeus transportados de Theresienstadt. No entanto, a partir de março ficou claro a todos os envolvidos que a duração da vida de cada transporte trazido para o campo especial era predeterminada em exatamente seis meses. De fato, em julho de 1944, seis meses depois da chegada do segundo transporte, houve outra operação de extermínio. Esta, porém, diferiu da primeira em dois aspectos: (1) o procedimento de seleção foi aplicado, e os declarados "aptos para o trabalho" foram mandados para campos de trabalho na Alemanha; (2) todos os demais no campo foram exterminados de uma só vez.

Várias teorias surgiram para explicar o fenômeno desse campo especial, mas até recentemente não foi possível fundamentá-las com base em nenhum documento oficial. Agora, porém, com a descoberta de uma série de documentos do Gabinete Central de Segurança do Reich (RSHA), podemos determinar as razões do estabelecimento desse campo e as circunstâncias que levaram à sua liquidação.

Entre os documentos relevantes estão cartas trocadas entre o escritório da Cruz Vermelha alemã em Berlim e o escritório de Eichmann no RSHA, de um lado, e a sede da Cruz Vermelha Internacional em Genebra, de outro. O exame dessas cartas leva à conclusão quase inequívoca de que esse campo especial de famílias em Auschwitz tinha propósitos semelhantes e complementares aos do gueto de Theresienstadt: servir como prova viva de que os relatos sobre a aniquilação dos judeus deportados para o Leste eram falsos. Entre as evidências usadas para refutar esses relatos incluem-se cartões-postais enviados de Auschwitz, confirmando que os deportados e suas famílias estavam vivos; recibo de pacotes enviados sob os cuidados da Cruz Vermelha Internacional; e a visita planejada de uma delegação da Cruz Vermelha ao campo, dando seguimento a uma visita ao gueto de Theresienstadt. Parece, contudo, que o relatório extremamente positivo da comissão da Cruz Vermelha que visitou o gueto de Theresienstadt (que "atendeu a todas as expectativas", nas palavras de um dos autores das cartas do RSHA) tornou a segunda parte da visita proposta — a um "campo de trabalho de judeus em Birkenau" — supérflua. Por isso, a liquidação final do campo especial, que também se tornara supérfluo, foi levada a cabo logo depois que a delegação da Cruz Vermelha visitou o gueto de Theresienstadt.

II

Como dito no começo deste artigo, o caso do "campo das famílias" em Auschwitz-Birkenau permite-nos examinar vários dos problemas básicos da história dos judeus no período do Holocausto. Refiro-me, antes de tudo, à questão da perpetuação da sociedade judaica como um organismo social sob as condições impostas pelo regime totalitarista do Terceiro Reich, ou, para ser mais preciso, à questão da continuidade e dos limites da vida comunitária judaica a partir de 1933 e por toda a fase das deportações em massa e do processo de extermínio.

Graças às conclusões de estudos recentes sobre a sociedade judaica sob o domínio do Terceiro Reich, podemos afirmar que, juntamente com manifestações parciais de paralisia e desintegração interna, a tendência dominante que se evidenciou a partir de 1933 foi uma surpreendente intensificação de vários tipos de atividade interna e a perpetuação de diversas facções sociais e espirituais. Destaca-se sobretudo a maior importância das estruturas de organização da comunidade e a criação de novas estruturas voltadas para educação, cultura, emprego, bem-estar e afins. Essa tendência continua a evidenciar-se na Alemanha até a fase das deportações em massa em 1941-3 e mesmo enquanto essas deportações estavam acontecendo.

Podemos distingui-la, analogamente, entre os deportados para o gueto de Theresienstadt, que absorveram uma parcela substancial dos judeus-alemães remanescentes. Ao mesmo tempo, com a expansão do Terceiro Reich e a concentração de judeus em guetos, discernimos tendências semelhantes em outros países, e parece que, paralelamente a sinais de desintegração social e corrupção nos guetos, a sociedade judaica consolidou-se ainda mais sob essas condições severas, com certa aceleração dessa tendência.

Por outro lado, quando estudamos a existência de judeus nos campos de concentração, parece que não podemos aplicar esse critério de "continuidade", pois aqui as estruturas comunitárias sofreram um processo de atomização. Refiro-me particularmente à existência daqueles judeus que permaneceram nos campos depois das deportações dos guetos e da liquidação dos "inaptos para o trabalho", incluindo a maioria dos familiares desses derradeiros sobreviventes. Essa situação talvez nos autorize a falar em uma continuação da história dos judeus na qualidade de indivíduos, porém não mais na continuidade da história judaica no sentido definido no início desta seção.

O "campo das famílias" dos judeus de Theresienstadt no coração do campo de extermínio de Auschwitz-Birkenau, analisado integralmente, com sua liderança e suas atividades comunitárias intensivas, nos dá uma oportunidade de sondar duas dimensões paralelas da existência dos judeus no período do Holocausto: a perpetuidade dos *judeus como sociedade* mesmo diante do processo de extermínio em massa, juntamente com a sobrevivência dos *judeus como indivíduos* na população multinacional de prisioneiros do maior campo de concentração e extermínio nazista.

Entre as outras questões que podem ser elucidadas pelo exame desse assunto — mas que não são necessariamente aprofundadas na discussão a seguir — devemos salientar as seguintes:

1. Os esforços da ss para camuflar a aniquilação dos judeus deportados para o Leste — especialmente depois que aumentou no mundo livre a preocupação com essa questão — e o papel dúbio da Cruz Vermelha Internacional nesse estratagema.

2. Os esforços dos judeus dos campos de extermínio para alertar os habitantes dos guetos sobre o destino dos deportados e para despertar a opinião pública mundial (*inter alia*, fugindo do campo para voltar ao gueto de Theresienstadt e passando informações sobre Auschwitz a países neutros).

3. Os modos como os líderes judeus e os membros da comunidade lidaram com a perspectiva de seu fim inevitável (incluindo a opção pela resistência, contatos com o movimento secreto do campo e com os membros do *Sonderkommando* que trabalhavam nos crematórios, e manifestações de desafio coletivo e individual por parte dos prisioneiros quando seguiam conscientemente para a morte).

4. O impacto do modo de vida e da liquidação dos prisioneiros do "campo das famílias" sobre seus vizinhos de Auschwitz — judeus e não judeus —, inclusive sobre a ss, segundo expresso nas fontes.

Nos limites deste texto, naturalmente não podemos examinar em detalhes todos esses problemas, e temos de nos contentar em ressaltar a oportunidade de estudá-los com base nas fontes à nossa disposição.

III

Voltemos à questão central da nossa discussão. Durante toda a existência desse campo especial, seus habitantes administraram a vida em diversas esferas como uma continuação da vida e das atividades comunitárias que tinham em Theresienstadt. No centro da vida no campo estava o programa educacional, que por sua vez ensejava uma intensa vida cultural. Como vimos antes, em contraste com a regra vigente nos outros campos de Auschwitz, os cargos administrativos internos no "campo das famílias", por exemplo, líder de bloco (*Blockälteste*), Kapos e líder de grupos de trabalho, eram ocupados por judeus. A maioria desses funcionários eram prisioneiros veteranos provenientes do gueto de Theresienstadt, alguns oriundos do escalão dos líderes do gueto. No entanto, a autoridade máxima no campo, da perspectiva tanto dos próprios prisioneiros como da ss, embora não formalmente, era o diretor de educação e do centro de jovens, Fredy Hirsch.

Até a liquidação dos membros do primeiro transporte vindo de Theresienstadt, todos acreditavam que a condição especial do "campo das famílias" protegia-os de ser mandados para as câmaras de gás, que funcionavam a algumas centenas de metros dali, onde foram liquidados durante aquele período centenas de milhares de judeus trazidos de toda a Europa para Auschwitz e milhares de prisioneiros que, na seleção, foram considerados "inaptos para o trabalho". Depois da liquidação total do primeiro transporte, ao fim dos seis meses determinados, o resto dos prisioneiros do campo especial aparentemente continuou a organizar a vida segundo os padrões de atividade estabelecidos: o pessoal encarregado dos serviços médicos continuou a se empenhar o mais possível para salvar a vida dos doentes e velhos, as atividades educacionais e as atividades para os jovens prosseguiram como antes, e os concertos e peças teatrais seguiram em frente. Perduraram até as disputas ideológicas entre as várias facções sociais e religiosas, a respeito de tudo, desde suas visões antagônicas sobre o futuro ideal da humanidade até a forma mais desejável de povoação judaica da Palestina. No entanto, em contraste com o período anterior, agora todas essas atividades aconteciam apesar de se saber muito bem que todos os prisioneiros do campo estavam fadados ao extermínio em datas predeterminadas. Nem aqueles que, em outras circunstâncias, seriam classificados como "aptos para o trabalho" tinham chance de escapar do destino comum — uma esperança que ainda restava para os demais prisioneiros de Auschwitz.

Uma questão que claramente ocupava os pensamentos de todos era o modo como enfrentariam a morte, especialmente à luz dos relatos sobre como os membros do primeiro transporte haviam se comportado no fim: o suicídio de Fredy Hirsch no último instante, tentativas de resistência por alguns dos outros principais funcionários e a entoação do *Hatikvá*, o hino do estado judeu em gestação, do hino nacional tcheco e da Internacional, nas profundezas das câmaras de gás subterrâneas (ou, como escreveu Gradowski em seu diário, descoberto enterrado em Auschwitz, "um canto de dentro do túmulo").

Tomo aqui a liberdade de comentar que esse ato foi uma espécie de "profissão de fé" dos três movimentos seculares de messianismo político, com os quais a maioria dos judeus da Europa Central se identificava na época: o movimento sionista; o movimento que acreditava que a redenção dos judeus estava na sua integração aos movimentos nacionais dos povos entre os quais eles viviam, e o movimento socialista, com sua promessa de salvação universal. A tradicional profissão de fé judaica, obviamente, era uma questão entre o homem e Deus. Indiretamente, outra fonte nos informa sobre essa maneira de confrontar o que parecia ser um destino inevitável: as memórias de um sobrevivente do "campo das famílias", o rabino Sinai Adler.

Outra mensagem ímpar nos foi enviada do umbral das câmaras de gás: uma eloquente e poética declaração pessoal, escrita por uma poeta anônima de 21 anos, com uma cáustica acusação em nome dos milhões que foram consumidos pelas chamas e cujas cinzas foram espalhadas ao vento. Sua mensagem ostensivamente pessoal também fala para a, ou em nome da, "juventude chacinada da Europa", sacrificada no altar da guerra enquanto seguia cegamente os lemas sedutores mas fraudulentos de seus líderes. No entanto, a mensagem dessa poeta anônima também demonstra seu permanente compromisso com o humanismo, inclusive com o radical ideal moral de rejeitar totalmente, custasse o que custasse, a violência e o derramamento de sangue.

Parece que, por toda a sua história, esse campo especial em Auschwitz-Birkenau foi marcado pela extrapolação de uma conjuntura que generalizadamente nos foi familiar desde as primeiras etapas da experiência dos judeus no Terceiro Reich: a tendência a continuar promovendo a vida comunitária e impedindo a desintegração da sociedade judaica como um modo de suportar as novas circunstâncias, ajustando-se a elas, por mais severas que pudessem parecer. A diferença radical é que, em cada uma das outras situações, inclusive a dos guetos durante os períodos das deportações em massa, a perspectiva de existência futura permanecia essencialmente uma questão em aberto, enquanto no caso do "campo das famílias" a sociedade e suas estruturas, inclusive o programa educacional, que por sua própria natureza destinava-se a inculcar valores e preparar para o futuro, continuaram a funcionar em uma situação na qual a única certeza incontestável era a da morte iminente. (Essa certeza aplicava-se não meramente no sentido individual, mas ainda mais no sentido de uma sentença de morte para toda a comunidade do campo especial, como parte indissociável do destino comum do genocídio que, como eles próprios testemunhavam, estava sendo perpetrado contra o povo judeu.)

Esse notável fenômeno da sustentação das estruturas, das atividades e dos valores da sociedade judaica (cujo propósito genuíno era salvaguardar a perpetuação da vida judaica) em uma situação que negava categoricamente qualquer sentido em uma existência com objetivos pode ser entendido de vários modos. Um que, a meu ver, merece consideração especial é o fato de que, aqui, valores históricos, funcionais e normativos e padrões de vida foram transformados em elementos dotados de valores absolutos.

IV

Discorrerei agora brevemente sobre o que poderíamos denominar a "história política" do campo e sobre os documentos oficiais que nos permitem vislumbrar uma das mais grosseiras e cínicas tentativas de ludibriar a opinião pública, explorando uma organização humanitária internacional, visando ao extermínio em massa dos judeus. Muito provavelmente, quem arquitetou e orquestrou esse plano foi Adolf Eichmann. Os documentos têm origem no departamento de Eichmann no RSHA, na Cruz Vermelha alemã em Berlim e na Cruz Vermelha Internacional em Genebra. Foram encontrados em dois lotes de papéis que tiveram o sigilo revogado na "Central de Documentos" americana em Berlim Ocidental.

A primeira prova é de 4 de março de 1943, cerca de seis meses antes da criação do "campo das famílias". É uma importante carta do representante da Cruz Vermelha alemã em Berlim à Cruz Vermelha Internacional em Genebra, e se refere ao envio de alimentos e remédios para o gueto de Theresienstadt. O trecho relevante para nosso tema diz:

> Perguntaram-me também sobre a possibilidade de enviar pacotes a judeus em campos no Leste. Devo, pois, informá-los de que, por razões práticas, por ora não é possível esse tipo de remessa. Caso futuramente venha a surgir essa possibilidade, a Cruz Vermelha alemã voltará a tratar do assunto.

A próxima citação provém de uma carta enviada pelo mesmo representante mais ou menos um ano depois, em 14 de março de 1944 — ou seja, aproximadamente um ano e meio após a criação do "campo das famílias" em Birkenau. A carta é endereçada ao RSHA e se baseia em uma conversa com Eichmann, mantida pouco antes da liquidação dos membros do primeiro transporte para o "campo das famílias". Aqui o assunto não são meramente os pacotes enviados da Suíça para Theresienstadt e para o campo de judeus em Birkenau, mas a possibilidade de uma visita a esses dois lugares:

> Com referência à discussão entre o remetente e o *Sturmbannführer* Günther no dia 6 deste mês e à conversa anterior com o *Obersturmbannführer* Eichmann sobre a possibilidade de autorização para uma visita de um representante do Comitê da Cruz Vermelha Internacional sediado na Alemanha ao gueto de idosos de Theresienstadt, estamos agora solicitando que seja marcada uma data para essa visita. [...] Ao mesmo tempo, gostaríamos de mencionar o plano anteriormente discutido de visita a um campo de trabalho de judeus ou a um campo penal. [...] Durante essa visita, seria apropriado distribuir os pacotes de alimentos e medicamentos aos enfermos, de acordo com sua autorização 4a, 4b de 26 de janeiro [...] e desse modo será possível confirmar à United Relief Organization* em Genebra o recebimento dos pacotes com base no testemunho ocular de um representante da Cruz Vermelha alemã. [...] Considerando o aumento do número de indagações do exterior a respeito dos vários campos de judeus, essas visitas planejadas aos campos parecem ser muito oportunas.

De fato, uma carta posterior, de 18 de maio de 1944, autoriza uma delegação da Cruz Vermelha Internacional a visitar o campo, sugerindo como data desejável o começo de junho. A carta é do RSHA ao diretor de relações exteriores da Cruz Vermelha alemã, Niehaus, e afirma, *inter alia*:

---

* Organização de ajuda humanitária formada pela união de várias entidades americanas durante a Segunda Guerra Mundial. (N. T.)

O *Reichsführer* ss [Himmler] consentiu em uma ronda de inspeção ao gueto de Theresienstadt e a um campo de trabalho de judeus [em Birkenau] por vossa senhoria e um representante da delegação da Cruz Vermelha Internacional.

As palavras "um campo de trabalho de judeus" e "um representante da delegação da Cruz Vermelha Internacional" estão grifadas à mão, e há uma anotação rabiscada à esquerda: "Transmitido por telefone à delegação suíça em 19 de maio às 18h da tarde". A carta referente a esse assunto, enviada a Genebra no dia seguinte, também foi preservada.

Muitos documentos tratam da primeira parte da visita ao gueto de Theresienstadt em 23 de junho de 1944. Citaremos como exemplo um trecho de uma carta escrita por Heydekampf, membro da Cruz Vermelha alemã que participou da inspeção, a seu superior em Berlim, Niehaus:

> Como já informado por telefone no domingo, o remetente viu o relatório do [representante da Cruz Vermelha Internacional] dr. Rössel. O remetente comunicou pessoalmente: ao *Hauptsturmführer* Möhs do RSHA, que parece ter recebido [o relatório] com satisfação sem ressalvas. O assunto, por conseguinte, parece resolvido.

Um exame atento das seleções anexadas ao relatório da Cruz Vermelha Internacional revela a principal razão da "satisfação sem ressalvas" do representante do RSHA. Pois, junto com a entusiasmada descrição da organização do gueto, o relatório inclui a seguinte afirmação: "Theresienstadt foi descrito aos membros da delegação como um campo final". Portanto, foi explicitado aos membros da Cruz Vermelha Internacional que não houve mais deportações de Theresienstadt para o Leste. E como, contrariando as expectativas, a delegação não fez mais perguntas, ficou claro que a visita a Theresienstadt satisfez todos os seus anseios.

Assim, a resposta preparada para satisfazer a todas as possíveis questões sobre o destino dado aos deportados para o Leste, ou seja, o "campo das famílias" em Auschwitz-Birkenau, tornou-se supérflua. Por isso, menos de três semanas depois dessa visita, na primeira metade de julho, o campo finalmente foi liquidado.

Lista das ilustrações

Todos os esforços para contatar os detentores de direitos autorais foram realizados. Os editores ficarão contentes de corrigir, em edições futuras, erros ou omissões que vierem a ser apontados.

Muitas das fotografias do livro foram tiradas com máquinas não profissionais e nem sempre em circunstâncias ideais, razões pelas quais a reprodução das imagens por vezes não seguiu o rigor técnico praticado pela editora.

1. Auschwitz-Birkenau, janeiro de 1945/ Museu Memorial do Holocausto dos Estados Unidos, Arquivo de Fotos.

2. Auschwitz-Birkenau, verão de 1978: ruínas da cerca elétrica entre o campo de quarentena BIIa e o "campo das famílias" BIIb, foto de O. D. Kulka.

3. Auschwitz-Birkenau, verão de 1978: ruínas do "campo das famílias" BIIb, foto de O. D. Kulka.

4. Auschwitz-Birkenau: pedaço de tijolo das ruínas do crematório nº II, 1978/ Coleção O. D. Kulka.

5. Auschwitz-Birkenau: ruínas do crematório nº I, papéis de Erich Kulka/ Coleção O. D. Kulka.

6. Auschwitz-Birkenau: ruínas do crematório nº I, escadas que levavam à câmara de gás/ Museu Estadual de Auschwitz-Birkenau.

7. Auschwitz-Birkenau, verão de 1978: o portão e os trilhos que conduziam à "rampa", foto de motorista de táxi anônimo da Cracóvia/ Coleção O. D. Kulka.

8. Frente de um cartão-postal de Anna Schmolková, do "campo das famílias", para Georgine Baum, em Praga, enviado por intermédio do Reichsvereinigung der Juden in Deutschland, Berlim, datado de 25 de março de 1944/ Museu Judaico de Praga, Coleção de Cartões-Postais de Auschwitz-Birkenau.

9. Verso do cartão-postal (ver nº 8).

10. Marianná Langová, nascida em 27/02/1932, morta em Auschwitz em 06/10/1944/ Museu Judaico de Praga, Coleção de Desenhos Infantis de Terezín.

11. Anna Klausnerová, nascida em 23/07/1932, morta em Auschwitz em 12/10/1944/ Museu Judaico de Praga, Coleção de Desenhos Infantis de Terezín.

12. Josef Novák, nascido em 25/10/1931, deportado para Auschwitz em 18/05/1944, não voltou depois da guerra/ Museu Judaico de Praga, Coleção de Desenhos Infantis de Terezín.

13. Raja Engländerová, nascida em 25/08/1929, sobreviveu em Theresienstadt/ Museu Judaico de Praga, Coleção de Desenhos Infantis de Terezín. Cortesia de Raja Engländerová.

14. Rascunhos de Beethoven para a Nona Sinfonia. Acima, à dir.: "Tochter aus Elysium" (Filha de Eliseu); abaixo: "Freude schöner Götterfunken!" (Alegria! Centelha divina!); duas vezes no centro: "Alle Menschen werden Brüder" (Todos os homens tornam-se irmãos)/ Arquivos de Gesellschaft der Musikfreunde, Viena.

15. Estação de trem deserta à noite, reprodução de W. G. Sebald, Austerlitz. Munique: Hanser, 2001. p. 185. [Ed. bras.: Austerlitz. São Paulo: Companhia das Letras, 2008. p. 130.]

16. Auschwitz-Birkenau: as chaminés do crematório nº IV, o chamado "Waldkrematorium", 1943/ Museu Estadual de Auschwitz-Birkenau, Arquivo de Fotos.

17. Desenho infantil do gueto de Theresienstadt, autor desconhecido/ Museu Judaico de Praga.

18. Fritz Buntrock, o Rapportführer do "campo das famílias" em Auschwitz-Birkenau, no julgamento de Auschwitz em Cracóvia, 1947/ Museu Estadual de Auschwitz-Birkenau.

19. Prisioneiros trabalham na estrada no "campo das famílias" em Auschwitz-Birkenau, c. 1946, desenho de Dina Gottlieb/ Coleção particular.

20. Auschwitz-Birkenau, BIId, área defronte à cozinha do campo, também usada para a execução pública de prisioneiros, c. 1944/ Museu Estadual de Auschwitz-Birkenau.

21. Foz do estuário do rio Vístula no mar Báltico, próximo ao campo de concentração de Stutthof, outubro de 1992, foto de O. D. Kulka.

22. Casa do fazendeiro alemão em Mikoszewo, antiga Nickelswalde, outubro de 1992, foto de O. D. Kulka.

23. Ruínas do celeiro da propriedade do fazendeiro alemão em Mikoszewo, outubro de 1992, foto de O. D. Kulka.

24. Parte do antigo cemitério em Mikoszewo, outubro de 1992, foto de O. D. Kulka.

25. Defronte ao mapa do antigo campo de concentração de Stutthof. Da dir. para a esq.: meu pai, Erich Kulka; a diretora do memorial de Stutthof, Janina Grabowska; e eu, outubro de 1992/ Coleção O. D. Kulka.

26. A área dos antigos setores do campo de Stutthof com a floresta atrás. Nesse local, hoje uma área florestal, situava-se a parte do campo destinada às mulheres judias de Auschwitz, outubro de 1992, foto de O. D. Kulka.

27. O pântano em frente à floresta, outubro de 1992, foto de O. D. Kulka.

28. No interior da floresta, outubro de 1992, foto de O. D. Kulka.

29. Tira de couro dos antigos setores do campo de Stutthof, outubro de 1992/ Coleção O. D. Kulka.

30. Monte de sapatos de judeus assassinados em Auschwitz/ Museu Estadual de Auschwitz-Birkenau.

31. Sapatos desmanchados em Stutthof, remetidos de Auschwitz para "tratamento adicional", outubro de 1992/ Museu de Stutthof, Arquivo de Fotos.

32. Foto aérea do complexo de Auschwitz com o rio Sola, afluente do rio Vístula/ Museu Estadual de Auschwitz-Birkenau.

33. Trilhos de trem que levavam das margens do rio Vístula a Stutthof, outubro de 1992, foto de O. D. Kulka.

34. Placa na margem do rio Vístula lembrando o trágico massacre dos últimos prisioneiros de Stutthof na marcha da morte em abril de 1945, foto de O. D. Kulka.

35. Elly Kulka, 1939/ Coleção O. D. Kulka.

36. Porta da Misericórdia, vista do interior do Monte do Templo (1856-60)/ Biblioteca do Congresso, Divisão de Gravuras e Fotografias, Washington, DC.

37. Parte da desoladora paisagem de Auschwitz-Birkenau em 1946, papéis de Erich Kulka/ Coleção O. D. Kulka.

38. Porta da Misericórdia, vista do lado de fora do muro da Cidade Velha de Jerusalém/ Cortesia de Jerry Golden, <http://www.thegoldenreport.net/?page_id=424>. Acesso em: 20 jan. 2014.

39. Foto aérea de Birkenau em agosto de 1944, tirada pela inteligência aérea americana/ Museu Estadual de Auschwitz-Birkenau.

40. Cabeça de Franz Kafka, 1967, molde de Dan Kulka (1938-79)/ Coleção O. D. Kulka.

41. Prefeitura judaica em Praga, reprodução de Jiří Všetečka; Jiří Kuděla, *Osudy židovské Prahy*. Praga: Grafoprint-Neubert, 1993. p. 252.

42. Prefeitura judaica em Praga, reprodução de Jiří Všetečka; Jiří Kuděla, *Osudy židovské Prahy*. Praga: Grafoprint-Neubert, 1993. p. 121.

43. Ruínas do crematório nº II em Auschwitz-Birkenau/ Cortesia de Pawel Sawicki.

44. Dr. Josef Mengele, da ss, quando servia em Auschwitz/ Museu Estadual de Auschwitz-Birkenau.

45. Suposta foto de Mengele no tempo em que se escondeu na Argentina depois da guerra/ Yad Vashem, Arquivo de Fotos.

46. Ruínas do crematório nº II em Auschwitz-Birkenau/ Museu Estadual de Auschwitz-Birkenau.

47. Interior do crematório nº II, 1943/ Yad Vashem, Arquivo de Fotos/ *Bauleitung-Album*.

48. Detalhe da ilustração de William Blake para o Livro de Jó: "*Then went Satan forth from the presence of the Lord*" [E o Satã saiu da presença de Iahweh], Jó 2,7.

Notas

INTRODUÇÃO [pp. 11-3]

1. Sobre a história desse campo, ver meu artigo baseado nos documentos disponíveis sobre esse campo específico, reproduzido no apêndice deste livro.

1. UM PRÓLOGO QUE TAMBÉM PODERIA SER UM EPÍLOGO [pp. 17-28]

1. "The Churches in the Third Reich and the 'Jewish Question' in the Light of the Secret Nazi Reports on German 'Public Opinion'". In: Congrès de Varsovie, 25 juin-1ᵉʳ juillet, 1978, section IV: Les Églises chrétiennes dans l'Europe dominée par le IIIᵉ Reich. *Bibliothèque de la Revue d'Histoire Ecclésiastique*, 70, 1984. pp. 490-505.

2. ENTRE THERESIENSTADT E AUSCHWITZ [pp. 29-47]

1. Ver apêndice.
2. Imre era o apelido dele no bloco dos jovens; seu nome verdadeiro era Emmerich Acs. Ele nasceu em 28/09/1912, foi deportado de Theresienstadt para Auschwitz em 06/09/1943 e morreu na câmara de gás em 08/03/1944. Ver Miroslav Kárný et al. (orgs.), *Terezínská památní kniha: Židovské oběti nacistických deportací z Čech a Moravy, 1941-1945* [Livro Memorial de Theresienstadt: Ju-

deus vítimas das deportações nazistas da Boêmia e da Morávia, 1941-1945].
Praga: Nadace Terezínská iniciativa; Melantrich, 1995. v. 2, p. 1209.

8. PAISAGENS DE UMA MITOLOGIA PARTICULAR [pp. 96-102]

1. A Porta da Misericórdia, também conhecida como Portão Dourado, é um dos principais portões do muro da Cidade Velha. Foi construída no período bizantino e selada por fora e por dentro durante a construção da muralha otomana no século XVI. Segundo lendas judaica e cristã, essa é a porta por onde o Messias entrará em Jerusalém.

2. Segundo lendas muçulmanas, o Messias dos judeus que entrará em Jerusalém por essa porta pertence à família dos sacerdotes (*Kohanim*), no entanto, a presença de sepulturas, que causam impureza ritual, o impedirá de entrar. É por essa razão, diz a lenda, que do lado de fora do portão foi construído um cemitério muçulmano, que continua em funcionamento até hoje.

11. SONHO: PRAGA DOS JUDEUS E A GRANDE MORTE [pp. 113-8]

1. Em 1942 o regime nazista estabeleceu em Praga o Museu Judaico Central, com o objetivo de preservar a memória de uma raça exterminada, coletando objetos relevantes da arte cerimonial das comunidades judaicas liquidadas da Boêmia e da Morávia. Isso tinha que ser feito pelos últimos judeus que ainda permaneciam em Praga naquela época. Ver Hana Volavková, *A Story of the Jewish Museum in Prague*. Praga: Artia, 1968.

13. O PESAR DE DEUS [pp. 123-32]

1. Durante o período de espera pela segunda Guerra do Golfo, na expectativa de um ataque nuclear e com gás a Israel (outubro de 2002-março de 2003).

2. "Porei meu arco na nuvem e ele se tornará um sinal da aliança entre mim e a terra. [...] não haverá mais dilúvio para devastar a terra." Gênesis 9,11-3.

3. "Prometestes que não mandaríeis um dilúvio, e agora, se não mandardes para a terra um dilúvio de água mas um dilúvio de fogo e enxofre, não estareis cumprindo Vossa promessa. E se Vós descumprirdes Vossa promessa, nem quero pensar." De Midrash Sechel Tov, de Menachem Ben Salomo, um rabino italiano (ou provençal) do século XII; publicado por Salomon Buber (de Lvov), em Berlim, 1900; sobre Gênesis 18, a destruição de Sodoma e Gomorra.

4. Eclesiastes 1,9.

5. Jó 2,10.

6. Transcrição da imagem do sonho anotada no diário que se perdeu. Fiz a anotação pouco depois dos angustiantes dias e semanas, em maio de 1967, em que se previa por aqui a eclosão de uma guerra vinda de todas as direções. Ela também foi incorporada na época em uma carta a meu pai, em Praga — enigmática, implícita e concreta —, em um desenho do "mapa das impressões da Grande Morte" como uma fotografia aérea preta cintilante, na qual apenas a radiação letal impregnava tudo, como um "sinal de vida". Talvez tenha sido justamente essa carta que meu pai levou consigo antes de escapar daquele ataque no qual os tanques trovejaram pelas ruas de Praga. Será que está agora em meio aos papéis dele, nos arquivos do Yad Vashem?

7. Diário, anotação de 22 de janeiro de 2001, cap. 12 deste livro.

8. Baseado nas anotações que fiz no dia seguinte ao do sonho, em 12 de agosto de 2002.

9. Na carta que Dan Pagis me escreveu em 28 de janeiro de 1976, durante seu ano sabático em San Diego, estando eu em Jerusalém: "O assunto dos poemas de Gerschon é dolorosamente difícil para mim: é um assunto do qual fugi por mais de 25 anos. Só alguns anos atrás ele me alcançou (me venceu, se preferir) nos meus escritos. Não obstante, fui arrebatado pelos poemas de Gerschon, e em uma época tentei traduzir dois ou três deles — já faz algum tempo que me familiarizei com todos os que você me mandou. Tentei, e desisti. Não consigo comunicar a alusão à medula óssea em *Mark* no *des... Markgrafen Gomorras*. O leitor do hebraico não faz a associação com duques, condes ou margraves *logo de saída*, a ponto de ser capaz de compreender sua *metamorfose* no poema". De fato, esse poema não foi incluído na coletânea bilíngue em alemão-hebraico dos poemas de Gerschon (ver nota seguinte) e continua a fazer parte de seu espólio literário, do qual sou o testamenteiro.

10. Gerschon: "*und ich fragte/ bin ich der Hüter meines Bruders/ KAIN*" ("e eu perguntei/ sou eu o guardador do meu irmão/ Caim"; Gerschon Ben-David, *In den Wind werfen: Versuche um Metabarbarisches. Gedichte*. Straelen: Straelener Manuskripte, 1995. pp. 12-3. Cf. Gênesis 4,9. O poema de Dan diz:

Autobiografia

Morri com o primeiro golpe e fui enterrado
em meio às rochas da campina.
Os corvos ensinaram a meus pais
o que fazer comigo.

Se minha família é famosa,
não é pouco o crédito que me cabe.
Meu irmão inventou o assassinato,
meus pais inventaram o lamento,
eu inventei o silêncio.

Depois os bem conhecidos eventos sobrevieram.
Nossas invenções foram aperfeiçoadas. Uma coisa levou a outra,
ordens foram dadas. Houve os que assassinaram a seu próprio modo,
lamentaram a seu próprio modo.

Não vou citar nomes
em consideração ao leitor,
pois de início os detalhes horrorizam
mas por fim ficam maçantes:

é possível morrer uma vez, duas vezes, sete vezes até,
mas não se pode morrer mil vezes.
Eu posso.
Minhas células subterrâneas chegam a toda parte.

Quando Caim começou a se multiplicar na face da terra,
eu comecei a me multiplicar no ventre da terra,
e minha força há tempos é maior que a dele.
Suas legiões o abandonam e vêm a mim,
e mesmo isso é só meia vingança.

11. Minhas palavras aqui contrapõem-se à afirmação de Resh Lakish, "Jó não existiu, foi só uma parábola" (Talmude babilônico, 115a), e a Maimônides no *Guia dos perplexos* (parte III, c. 22); mas condizem com a lamentosa "Homilia", de Dan Pagis: "Desde o início, as forças foram desiguais: Satã era um grande senhor no céu; Jó, apenas carne e osso. E, de qualquer modo, a disputa era injusta. Jó, que perdera toda a sua riqueza, fora destituído de seus filhos e filhas e acometido por úlceras malignas, nem ao menos sabia que se tratava de uma disputa. Como ele reclamou demais, o árbitro silenciou-o. Assim, aceitando a decisão, em silêncio, ele derrotou seu oponente sem se dar conta. Por isso, sua riqueza foi restaurada, ele ganhou filhos e filhas — novos, naturalmente — e foi desembaraçado do pesar pelos filhos anteriores. Podería-

mos imaginar que essa desforra foi a coisa mais terrível de todas. Poderíamos imaginar que a coisa mais terrível foi a ignorância de Jó: não entender quem ele derrotou, ou nem mesmo entender que tinha vencido. *Mas, na verdade, a coisa mais terrível de todas é que Jó não existiu, foi só uma parábola* [grifo meu]", ibid., p. 11.

12. Jó 2,7.

APÊNDICE [pp. 133-45]

1. Publicado originalmente em Yisrael Gutman e Avital Saf (orgs.), *The Nazi Concentration Camps: Structure and Aims, the Image of the Prisoner, the Jews in the Camps*. Jerusalém: Yad Vashem, 1984. pp. 315-33. A versão publicada com um pormenorizado estudo acadêmico, omitido aqui, pode ser acessada na internet: <http://lekket.com/data/articles/004-000-018_000.pdf>

ESTA OBRA FOI COMPOSTA EM MINION PELO ACQUA ESTÚDIO E IMPRESSA
PELA RR DONNELLEY EM OFSETE SOBRE PAPEL PÓLEN BOLD DA SUZANO
PAPEL E CELULOSE PARA A EDITORA SCHWARCZ EM ABRIL DE 2014